广东省农村公路
安全防护工程设计技术指南

Design Guidelines for Roadside Safety of
Rural Highway in Guangdong Province

（试行）

主编单位：交通运输部公路科学研究院
广东省交通运输厅

U0371152

人民交通出版社股份有限公司
北京

图书在版编目(CIP)数据

广东省农村公路安全防护工程设计技术指南：试行/交通运输部公路科学研究院，广东省交通运输厅主编. —北京：人民交通出版社股份有限公司，2022.2

ISBN 978-7-114-17833-7

Ⅰ.①广… Ⅱ.①交…②广… Ⅲ.①农村道路—交通运输安全—安全工程—广东—指南 Ⅳ.①U412.36-62 ②U491.5-62

中国版本图书馆CIP数据核字(2022)第017380号

书　　名：**广东省农村公路安全防护工程设计技术指南**(试行)
著 作 者：交通运输部公路科学研究院　广东省交通运输厅
责任编辑：王海南　刘　彤
责任校对：孙国靖　扈　婕
责任印制：刘高彤
出版发行：人民交通出版社股份有限公司
地　　址：(100011)北京市朝阳区安定门外外馆斜街3号
网　　址：http://www.ccpcl.com.cn
销售电话：(010)59757973
总 经 销：人民交通出版社股份有限公司发行部
经　　销：各地新华书店
印　　刷：北京市密东印刷有限公司
开　　本：880×1230　1/16
印　　张：8.5
字　　数：186千
版　　次：2022年2月　第1版
印　　次：2022年2月　第1次印刷
书　　号：ISBN 978-7-114-17833-7
定　　价：70.00元
(有印刷、装订质量问题的图书由本公司负责调换)

广东省交通运输厅文件

粤交基函〔2021〕855号

广东省交通运输厅关于印发《广东省农村公路安全防护工程设计技术指南(试行)》的通知

各地级以上市交通运输局,省公路事务中心、交通运输工程造价事务中心、交通运输规划研究中心:

为贯彻落实《中华人民共和国安全生产法》、省委省政府《广东省"四好农村路"建设攻坚方案》和交通运输部《关于推进"四好农村路"建设的意见》等安全发展新理念、新要求,推进我省"四好农村路"高质量发展,结合我省公路安全生命防护工程实施经验与实施效果后评价结论,进一步规范我省农村公路安全防护工程设计,做到完善设施、提升安全、保障畅通、节约成本,提升农村公路安全保障水平,助力乡村振兴和农业农村现代化建设,努力建设人民满意的交通,厅组织相关单位编制了《广东省农村公路安全防护工程设计技术指南(试行)》(以下简称《指南》),现印发给你们,请遵照执行。

《指南》由人民交通出版社正式出版,使用过程中有何意见和建议,请与省公路事务中心联系(电话:020-87303019),以便修订时研用。

广东省交通运输厅

2021 年 12 月 22 日

前　言

为贯彻落实《中共广东省委办公厅、广东省人民政府办公厅印发〈关于加快推进“四好农村路”建设的实施意见〉的通知》(粤办发〔2018〕36号),切实改善提升农村公路安全防护水平,规范农村公路安全防护工程设计,广东省交通运输厅组织开展了广东省农村公路安全防护工程提升完善关键技术研究,编制了《广东省农村公路安全防护工程设计技术指南(试行)》(以下简称《指南》)。遵循《交通强国建设纲要》完善基础设施布局、提升本质安全水平、全面推进“四好农村路”建设以及《“十四五”现代综合交通运输体系发展规划》完善“四好农村路”高质量发展体系相关要求,《指南》是在广泛深入调研分析农村公路风险因素及现状安全设施设置情况的基础上,总结农村公路安全防护中存在的主要问题,参考吸收我国其他省(区、市)农村公路安全防护设施建设经验,借鉴国外安全防护设施发展理念及成果,结合广东省公路安全生命防护工程实施经验而制定。《指南》明确了农村公路安全防护工程设置基本原则和技术要求,用于指导广东省农村公路安全防护工程设计,解决设计人员对一些复杂路段安全设施设计标准难以把握的问题,提高设计方案的科学性、合理性及经济性。

《指南》结合广东省农村公路发展实际和地方特色,提出了一些便于就地取材、因地制宜的诱导、警示及防护设施形式。综合安全防护措施涵盖了典型的农村公路风险路段,例如临水临崖及路侧险要、急弯陡坡、桥头接小半径曲线、连续长陡下坡、穿村镇、途经学校、窄路肩、窄桥、平面交叉、事故多发等危险路段及通行客运班车、校车路段,并注重处置措施的系统性及多种措施的体系化。

《指南》与农村公路现行相关标准、规范的要求相衔接,针对广东省粤东、粤西、粤北地区农村公路多山险要及粤南地区农村公路城镇化程度较高的特点,提出了不同的设计要求及处置措施。《指南》主要内容包括总则、总体设计、资料收集与现场调查、排查评估与分类、方案设计、典型安全设施设计及附录,针对不同风险类型路段提出安全防护工程设计要点与设计示例,并提供了可指导实际工程设计和实施的安全设施设计图集,各地可根据实际情况选用。鼓励各地结合当地实际采用因地制宜的材料及处置技术。

《指南》中的不足之处在所难免,希望各地将使用过程中发现的问题或建议及时反馈至广东省公路事务中心(地址:广州市越秀区环市东路428号,邮编510000),以便进一步修订和完善。

主 编 单 位:交通运输部公路科学研究院
广东省交通运输厅

参 编 单 位:广东省公路事务中心
北京中交华安科技有限公司
广东省交通集团有限公司
广东省建筑工程集团有限公司
广州交通投资集团有限公司
保利长大工程有限公司
广东省建筑工程机械施工有限公司
广州公路工程集团有限公司
广东晶通公路工程建设集团有限公司

主要编写人员:于海霞 刘志峰 陈健平 刘雪林 张文远 张宏松
刘会学 王迎军 潘伟根 唐健良 王成虎 魏楚凯
申林林 苏年就 罗国彰 刘洪启 王炜钊 范 靖
万娇娜 陈宏敏 钟连德 刘瑞涛 张铁军 卜倩淼
张 园 刘清霞

主要审查人员:贾绍明 李卫国 伍 文 王 璜 柯建雄 刘名刚
赖香忠 马召辉 杨 怿 陈光林 郝国郡

目 次

1　总则

1.1　目的

为深入推进广东省“四好农村路”建设，规范与指导广东省农村公路安全防护工程设计，进一步提升广东省农村公路交通安全水平，特制定本指南。

1.2　适用范围

本指南适用于广东省新建、改扩建以及既有三级农村公路、四级农村公路、小交通量农村公路[四级公路(Ⅰ类)和四级公路(Ⅱ类)]的安全防护工程。等外公路安全防护工程宜结合改扩建工程、大修工程等同步实施，确需提前实施的可参照四级公路(Ⅱ类)执行。二级及二级以上农村公路安全防护工程设计执行现行《公路工程技术标准》(JTG B01)、《公路交通安全设施设计规范》(JTG D81)等标准规范。农村公路安全防护工程设计除应符合本指南的规定外，尚应符合国家和行业现行有关标准的规定。

1.3　实施目标

以“完善设施、提升安全、保障畅通、节约成本”为目标，在交通安全综合分析的基础上，结合农村公路沿线经济社会发展情况，提高农村公路安全防护工程设计方案的规范性、有效性、科学性、合理性及经济性，避免设防不足或过度设计，有效提升农村公路交通安全防护水平。

1.4　设计原则

农村公路安全防护工程设计应结合交通量、交通组成、交通事故、公路现状条件及环境条件，科学排查评估、适度防护，坚持“因地制宜、经济适用、安全有效、绿色环保”的设计原则，提供适当的交通标志、交通标线及可穿越的安全净区，优先采用主动引导安全设施，设置必要的被动防护设施，完善其他交通安全设施。

在农村公路安全防护工程设计过程中，鼓励因地制宜地采用经过充分论证的新技术、新材料、新工艺、新产品。

2 总体设计

2.0.1 新建农村公路安全防护工程必须与公路主体工程同时设计、同时施工、同时投入生产和使用。

2.0.2 改扩建及既有农村公路安全防护工程应根据公路调查与综合分析结论进行设计。

2.0.3 农村公路安全防护工程设计应包括资料收集与现场调查、排查评估与分类、处置方案设计与方案论证等内容。

2.0.4 农村公路安全防护工程应结合公路技术指标、路侧危险程度、交通事故数据、交通运行条件等开展设计工作。

2.0.5 农村公路安全防护工程设计应结合现有农村公路实际情况,采用主动引导与被动防护相结合的方式,优先采取预防措施和容错措施,必要时采取被动防护措施。

2.0.6 注重统一、规范、明确、完善的交通标志和标线系统设计,结合视线诱导设施,安全引导交通流。

2.0.7 结合广东省公路建设实际情况,鼓励防护设施再利用,如可采用高等级公路拆除且性能良好的护栏等设施在农村公路上进行资源循环再利用。

2.0.8 已完成的安全防护工程项目,宜适时根据实施路段的交通特征变化情况进行客观评价、动态设计、调整优化,不断提升农村公路安全防护水平。

3 资料收集与现场调查

3.0.1 农村公路安全防护工程设计应收集与调查公路基础信息资料、公路路侧条件及交通安全设施信息资料、交通事故数据统计资料、交通运行条件资料等，并根据需要征求农村公路建设、养护和管理部门，公安交通管理部门以及道路使用者的意见和建议。完成资料收集后应开展必要的现场调查，进一步验证和核实现场情况；在未能完整收集有关资料的情况下，应对相关路段现场进行详细调查和必要的测量。桥梁和隧道应分别参照《提升公路桥梁安全防护能力专项行动技术指南》(交办公路〔2019〕44号)和《公路隧道提质升级行动技术指南》(交办公路〔2019〕28号)进行资料收集与现场调查。需要调查与收集的基础资料格式如附录1所示。

3.0.2 公路基础信息资料主要包括：

1 路线编号、名称、桩号；

2 路线设计标准和通车时间；

3 路线的行政等级、技术等级以及设计速度；

4 路基与路面宽度、车道数、车道宽度、路肩宽度、圆曲线半径、路拱及横坡、竖曲线半径、纵坡坡度、坡长、视距、平面交叉情况等公路技术指标，排水设施、错车道等设置情况，路基路面设计及养护情况(查阅施工图、竣工图等技术资料或现场调查获取)；

5 大中修、安全保障工程、公路安全生命防护工程等专项行动实施及后评估等相关技术资料；

6 项目在路网中的功能和定位；项目的直接和间接服务范围；项目沿线交通枢纽、旅游景区、产业区、饮用水源地保护区等的分布。

3.0.3 路侧条件及交通安全设施信息资料主要包括：

1 路侧3m范围内的填挖方数据(如：边坡坡度和填方高度)、各种不能安全越过的障碍物分布情况及与其他公路、铁路等交叉的资料；

2 路侧3m范围内存在悬崖、深谷、深沟，江、河、湖、海、沼泽等水深1.5m以上水域，坡底居民房屋等情况；

3 路侧3m范围内存在失控车辆有碰撞可能性的重要构筑物，如高速铁路、高速公路、高压输电线塔、危险品储藏仓库、Ⅰ级铁路、一级公路等；

4 沿线平面交叉、接入口的位置、线形、视距、接入角度及路宅分离等情况；

5 沿线村镇、学校分布情况；

6 既有公路交通安全设施资料,包括交通标志和标线、护栏、视线诱导设施、减速丘、凸面镜等公路交通安全设施的设置情况;既有护栏设计标准、使用时间、形式、防护等级、过渡段或端部处理以及防腐情况。

3.0.4 交通事故数据统计资料应包括:

1 近三年内路段(不包含桥梁及其过渡段和端部、隧道内)发生的死亡事故和车辆驶出路外事故;

2 近三年内与桥梁安全防护设施(含过渡段和端部)相关的事故,包括车辆坠桥事故等;

3 事故等级、人员伤亡、直接经济损失和责任认定等资料;

4 事故类型、事故形态和事故成因等资料。

3.0.5 交通运行条件资料应包括:

1 近三年内交通量统计数据、各类车型构成比例(路线编号和技术等级相同的公路可采用同一断面的交通量、交通组成数据),客观上难以取得三年交通量统计数据的,应尽可能统计可获取时长范围内的数据;

2 通行校车、公交车或班线车资料;

3 路段速度管理信息,如限制速度标志所示数值等;

4 事故多发路段或高风险路段运行速度观测数据。

4 排查评估与分类

4.1 一般规定

4.1.1 路基路段根据路侧交通事故严重性评估、交通量与交通组成排查评估、路侧危险程度排查评估分为两类:需要设置护栏为Y类,不需要设置护栏为N类。

4.1.2 桥梁和隧道应分别参照《提升公路桥梁安全防护能力专项行动技术指南》(交办公路〔2019〕44号)和《公路隧道提质升级行动技术指南》(交办公路〔2019〕28号)进行排查评估。

4.1.3 根据路段分类情况,结合公路技术指标和公路环境干扰因素排查结果进行处置方案设计并提出交通管理建议。

4.2 路基路段排查评估与分类

4.2.1 路侧交通事故严重性评估

根据资料收集与现场调查阶段获取的近三年内(通车不满三年的公路,以实际通车年限计)的交通事故数据统计资料,剔除无证驾驶、酒驾、毒驾、超速、超载等明显与公路技术状况无关的事故数据后,具有下列情形之一时,作为路侧交通事故严重程度较高的判别条件:

1 50m范围内(不包含桥梁及其过渡段和端部、隧道)发生1起及以上有人员死亡的驶出路外事故;

2 150m范围内(不包含桥梁及其过渡段和端部、隧道)发生3起及以上有人员重伤或死亡的驶出路外事故。

4.2.2 交通量与交通组成排查评估

1 根据农村公路技术等级,对路段的交通量与交通组成进行排查评估。

(1)单车道四级公路日常通行校车、公交车、班线车每日是否大于4班次,年平均日交通量(AADT)是否大于或等于400辆小客车;

(2)双车道四级公路和三级公路日常通行校车、公交车、班线车每日是否大于4班次,年平均日交通量(AADT)是否大于或等于2000辆小客车,总质量超过6t的车辆自然数所占比例是否大于15%;

(3)小交通量农村公路日常通行校车、公交车、班线车每日是否大于4班次。

2 年平均日交通量(AADT)应按照现行《公路工程技术标准》(JTG B01)中各汽车(不含三轮车、摩托车和其他非机动车)代表车型及车辆折算系数进行换算。

3 年平均日交通量(AADT)可采用近三年(通车不满三年的公路,以实际通车年限计)的交调站(点)数据计算。无交调站(点)数据时,年平均日交通量(AADT)可按设计年平均日交通量(AADT)或实际调查的高峰小时交通量乘以10估计。

4.2.3 路侧危险程度排查评估

1 具有下列情形之一时,判别路侧危险程度为低:

(1)急弯或连续长陡下坡路段小半径曲线外侧,且3m范围内填方高度为4~30m的路段;

(2)非急弯或非连续长陡下坡路段路侧3m范围内边坡坡度陡于1:1,且填方高度为4~30m的路段。

2 具有下列情形之一时,判别路侧危险程度为中:

(1)路侧3m范围内有高度在30m以上的悬崖、深谷、深沟;

(2)路侧3m范围内有水深在1.5m以上的江、河、湖、海、沼泽等水域;

(3)路侧3m范围内有Ⅰ级铁路、一级公路、城市快速路,失控车辆有碰撞可能性;

(4)路侧3m范围内高填方段(高度大于4m)坡底有居民房屋的路段。

3 具有下列情形时,判别路侧危险程度为高:

路侧3m范围内有高速铁路、高速公路、高压输电线塔、危险品储藏仓库等重要构筑物,失控车辆有碰撞可能性。

4.2.4 主动引导与被动防护需求排查评估

1 结合路侧交通事故严重程度、交通量与交通组成和路侧危险程度,综合评估路段的主动引导与被动防护需求程度,确定路段是否需要设置护栏。

2 当路段符合表4.2-1所列判别条件之一时,路段无须设置护栏,应根据线形、路面、路侧环境等实际情况设置视线诱导和警示等主动引导设施。

无须设置护栏路段判别条件 表4.2-1

农村公路技术等级	判别条件
单车道四级公路	(1)同时具有下列情形时: ①路侧交通事故严重程度较低(即不符合第4.2.1条所设定的判别条件); ②日常通行校车、公交车、班线车每日不大于4班次; ③年平均日交通量(AADT)小于400辆小客车; ④路侧危险程度为低、中(即符合第4.2.3条第1、2款情形)。 (2)普通路段:路侧危险程度不为低、中、高(即不具有第4.2.3条第1、2、3款情形)

续上表

农村公路技术等级	判别条件
双车道四级公路、三级公路	(1)同时具有下列情形时： ①路侧交通事故严重程度较低(即不符合第4.2.1条所设定的判别条件)； ②日常通行校车、公交车、班线车每日不大于4班次； ③年平均日交通量(AADT)小于2000辆小客车，总质量超过6t的车辆自然数所占比例小于或等于15%； ④路侧危险程度为低(即符合第4.2.3条第1款情形)。 (2)普通路段：路侧危险程度不为低、中、高(即不具有第4.2.3条第1、2、3款情形)
小交通量农村公路四级公路(Ⅰ类)	(1)同时具有下列情形时： ①路侧交通事故严重程度较低(即不符合第4.2.1条所设定的判别条件)； ②日常通行校车、公交车、班线车每日不大于4班次； ③路侧危险程度为低(即符合第4.2.3条第1款情形)。 (2)普通路段：路侧危险程度不为低、中、高(即不具有第4.2.3条第1、2、3款情形)
小交通量农村公路四级公路(Ⅱ类)	(1)同时具有下列情形时： ①路侧交通事故严重程度较低(即不符合第4.2.1条所设定的判别条件)； ②日常通行校车、公交车、班线车每日不大于4班次； ③路侧危险程度为低、中(即符合第4.2.3条第1、2款情形)。 (2)普通路段：路侧危险程度不为低、中、高(即不具有第4.2.3条第1、2、3款情形)

4.2.5 路基路段分类

1 农村公路路基路段可分为N类(N2类、N1类)和Y类(Y1类、Y2类)，不同类型路段按下列原则进行处置：

(1)N2类路段无须设置护栏，应根据线形、路面、路侧环境等实际情况设置视线诱导和警示等主动引导设施。

(2)N1类路段宜设置视线诱导和警示等主动引导设施，有条件(如资金、路侧条件等)时可根据实际需求设置护栏。

(3)Y1类路段应设置护栏，并配套设置交通标志、交通标线、视线诱导设施等其他交通安全设施。在充分评估和论证的基础上，对于客观上无法设置护栏的路段，可联合公路运输管理部门，告知公安交通管理部门，科学调整客运班线或采取限速、限载等综合交通管控措施，并设置主动引导设施，结合公路改扩建工程和其他专项工程等按现行标准的规定设置护栏。

(4)Y2类路段必须设置护栏，并配套设置交通标志、交通标线、视线诱导设施等其他交通安全设施。

2 农村公路路基路段分类判别标准如表4.2-2～表4.2-5所示。

单车道四级农村公路路基路段分类 表4.2-2

<table>
<tr><th>路基路段</th><th>路侧3m范围内
有以下情况</th><th>路侧交通事故
严重程度
是否较高</th><th>日常通行校车、
公交车、班线车
每日是否
大于4班次</th><th>年平均日交通量
是否大于或等于
400辆小客车</th><th>分类</th><th>处置措施</th></tr>
<tr><td>普通路段</td><td>路侧危险程度不为低、中、高</td><td>/</td><td>/</td><td>/</td><td>N2类</td><td>无须设置护栏</td></tr>
<tr><td rowspan="4">路侧危险
程度为
低的路段</td><td rowspan="4">①急弯或连续长陡下坡路段小半径曲线外侧，且填方高度为4～30m的路段；
②非急弯或非连续长陡下坡路段边坡坡度陡于1∶1，且填方高度为4～30m的路段</td><td rowspan="3">否</td><td>否</td><td>否</td><td>N2类</td><td>无须设置护栏</td></tr>
<tr><td>是</td><td>/</td><td rowspan="2">N1类</td><td rowspan="2">宜设置主动引导设施，有条件可设置护栏</td></tr>
<tr><td>否</td><td>是</td></tr>
<tr><td>是</td><td>/</td><td>/</td><td>Y1类</td><td>应设置护栏</td></tr>
<tr><td rowspan="4">路侧危险
程度为
中的路段</td><td rowspan="4">①高度在30m以上的悬崖、深谷、深沟；
②水深在1.5m以上的江、河、湖、海、沼泽等水域；
③Ⅰ级铁路、一级公路、城市快速路，失控车辆有碰撞可能性；
④高填方段（高度大于4m）坡底有居民房屋的路段，失控车辆有碰撞可能性</td><td rowspan="3">否</td><td>否</td><td>否</td><td>N2类</td><td>无须设置护栏</td></tr>
<tr><td>是</td><td>/</td><td rowspan="2">Y1类</td><td rowspan="2">应设置护栏</td></tr>
<tr><td>否</td><td>是</td></tr>
<tr><td>是</td><td>/</td><td>/</td><td>Y2类</td><td>必须设置护栏</td></tr>
<tr><td>路侧危险
程度为
高的路段</td><td>高速铁路、高速公路、高压输电线塔、危险品储藏仓库等重要构筑物，失控车辆有碰撞可能性</td><td>/</td><td>/</td><td>/</td><td>Y2类</td><td>必须设置护栏</td></tr>
</table>

注：1.“/”表示无须判别。

2. 路侧交通事故严重程度是否较高按第4.2.1条判定，即：当路基路段存在下列情形之一时，路侧交通事故严重程度较高：

（1）50m范围内（不包含桥梁及其过渡段和端部、隧道）发生1起及以上有人员死亡的驶出路外事故；

（2）150m范围内（不包含桥梁及其过渡段和端部、隧道）发生3起及以上有人员重伤或死亡的驶出路外事故。

双车道四级、三级农村公路路基路段分类 表 4.2-3

<table>
<tr><th>路基路段</th><th>路侧 3m 范围内有以下情况</th><th>路侧交通事故严重程度是否较高</th><th>日常通行校车、公交车、班线车每日是否大于4 班次</th><th>年平均日交通量是否大于或等于 2000 辆小客车</th><th>总质量超过6t 的车辆自然数所占比例是否大于 15%</th><th>分类</th><th>处置措施</th></tr>
<tr><td>普通路段</td><td>路侧危险程度不为低、中、高</td><td>/</td><td>/</td><td>/</td><td>/</td><td>N2 类</td><td>无须设置护栏</td></tr>
<tr><td rowspan="5">路侧危险程度为低的路段</td><td rowspan="5">①急弯或连续长陡下坡路段小半径曲线外侧，且填方高度为 4 ~ 30m 的路段；
②非急弯或非连续长陡下坡路段边坡坡度陡于 1 : 1，且填方高度为 4 ~ 30m 的路段</td><td rowspan="4">否</td><td>否</td><td>否</td><td>否</td><td>N2 类</td><td>无须设置护栏</td></tr>
<tr><td>是</td><td>/</td><td>/</td><td rowspan="3">N1 类</td><td rowspan="3">宜设置主动引导设施，有条件可设置护栏</td></tr>
<tr><td>否</td><td>是</td><td>/</td></tr>
<tr><td>否</td><td>否</td><td>是</td></tr>
<tr><td>是</td><td>/</td><td>/</td><td>/</td><td>Y1 类</td><td>应设置护栏</td></tr>
<tr><td rowspan="2">路侧危险程度为中的路段</td><td rowspan="2">①高度在 30m 以上的悬崖、深谷、深沟；
②水深在 1.5m 以上的江、河、湖、海、沼泽等水域；
③Ⅰ级铁路、一级公路、城市快速路，失控车辆有碰撞可能性；
④高填方段（高度大于 4m）坡底有居民房屋的路段，失控车辆有碰撞可能性</td><td>否</td><td>/</td><td>/</td><td>/</td><td>Y1 类</td><td>应设置护栏</td></tr>
<tr><td>是</td><td>/</td><td>/</td><td>/</td><td>Y2 类</td><td>必须设置护栏</td></tr>
<tr><td>路侧危险程度为高的路段</td><td>高速铁路、高速公路、高压输电线塔、危险品储藏仓库等重要构筑物，失控车辆有碰撞可能性</td><td>/</td><td>/</td><td>/</td><td>/</td><td>Y2 类</td><td>必须设置护栏</td></tr>
</table>

注：1. “/”表示无须判别。

2. 路侧交通事故严重程度是否较高按第 4.2.1 条判定，当路基路段存在下列情形之一时，路侧交通事故严重程度较高：

（1）50m 范围内（不包含桥梁及其过渡段和端部、隧道）未发生 1 起及以上有人员死亡的驶出路外事故；

（2）150m 范围内（不包含桥梁及其过渡段和端部、隧道）未发生 3 起及以上有人员重伤或死亡的驶出路外事故。

小交通量农村公路四级公路（Ⅰ类）路基路段分类 表4.2-4

<table>
<tr><th>路基路段</th><th>路侧3m范围内有以下情况</th><th>路侧交通事故严重程度是否较高</th><th>日常通行校车、公交车、班线车每日是否大于4班次</th><th>分类</th><th>处置措施</th></tr>
<tr><td>普通路段</td><td>路侧危险程度不为低、中、高</td><td>/</td><td>/</td><td>N2类</td><td>无须设置护栏</td></tr>
<tr><td rowspan="3">路侧危险程度为低的路段</td><td rowspan="3">①急弯或连续长陡下坡路段小半径曲线外侧，且填方高度为4～30m的路段；
②非急弯或非连续长陡下坡路段边坡坡度陡于1：1，且填方高度为4～30m的路段</td><td rowspan="2">否</td><td>否</td><td>N2类</td><td>无须设置护栏</td></tr>
<tr><td>是</td><td>N1类</td><td>宜设置主动引导设施，有条件可设置护栏</td></tr>
<tr><td>是</td><td>/</td><td>Y1类</td><td>应设置护栏</td></tr>
<tr><td rowspan="2">路侧危险程度为中的路段</td><td rowspan="2">①高度在30m以上的悬崖、深谷、深沟；
②水深在1.5m以上的江、河、湖、海、沼泽等水域；
③Ⅰ级铁路、一级公路、城市快速路，失控车辆有碰撞可能性；
④高填方段（高度大于4m）坡底有居民房屋的路段，失控车辆有碰撞可能性</td><td>否</td><td>/</td><td>Y1类</td><td>应设置护栏</td></tr>
<tr><td>是</td><td>/</td><td>Y2类</td><td>必须设置护栏</td></tr>
<tr><td>路侧危险程度为高的路段</td><td>高速铁路、高速公路、高压输电线塔、危险品储藏仓库等重要构筑物，失控车辆有碰撞可能性</td><td>/</td><td>/</td><td>Y2类</td><td>必须设置护栏</td></tr>
</table>

注：1."/"表示无须判别。

2.路侧交通事故严重程度是否较高按第4.2.1条判定，当路基路段存在下列情形之一时，路侧交通事故严重程度较高：

（1）50m范围内（不包含桥梁及其过渡段和端部、隧道）未发生1起及以上有人员死亡的驶出路外事故；

（2）150m范围内（不包含桥梁及其过渡段和端部、隧道）未发生3起及以上有人员重伤或死亡的驶出路外事故。

小交通量农村公路四级公路（Ⅱ类）路基路段分类 表 4.2-5

路基路段	路侧3m范围内有以下情况	路侧交通事故严重程度是否较高	日常通行校车、公交车、班线车每日是否大于4班次	分类	处置措施
普通路段	路侧危险程度不为低、中、高	/	/	N2类	无须设置护栏
路侧危险程度为低的路段	①急弯或连续长陡下坡路段小半径曲线外侧，且填方高度为4～30m的路段； ②非急弯或非连续长陡下坡路段边坡坡度陡于1∶1，且填方高度为4～30m路段	否	否	N2类	无须设置护栏
			是	N1类	宜设置主动引导设施，有条件可设置护栏
		是	/	Y1类	应设置护栏
路侧危险程度为中的路段	①高度在30m以上的悬崖、深谷、深沟； ②水深在1.5m以上的江、河、湖、海、沼泽等水域； ③Ⅰ级铁路、一级公路、城市快速路，失控车辆有碰撞可能性； ④高填方段（高度大于4m）坡底有居民房屋的路段，失控车辆有碰撞可能性	否	否	N2类	无须设置护栏
			是	Y1类	应设置护栏
		是	/	Y2类	必须设置护栏
路侧危险程度为高的路段	高速铁路、高速公路、高压输电线塔、危险品储藏仓库等重要构筑物，失控车辆有碰撞可能性	/	/	Y2类	必须设置护栏

注：1.“/”表示无须判别。

2.路侧交通事故严重程度是否较高按第4.2.1条判定，当路基路段存在下列情形之一时，路侧交通事故严重程度较高：

（1）50m范围内（不包含桥梁及其过渡段和端部、隧道）未发生1起及以上有人员死亡的驶出路外事故；

（2）150m范围内（不包含桥梁及其过渡段和端部、隧道）未发生3起及以上有人员重伤或死亡的驶出路外事故。

3　农村公路路基路段可按下列步骤进行排查评估，流程如图 4.2-1 ~ 图 4.2-4 所示。本款与本条第 2 款排查评估顺序存在不同，但分类结果具有一致性。

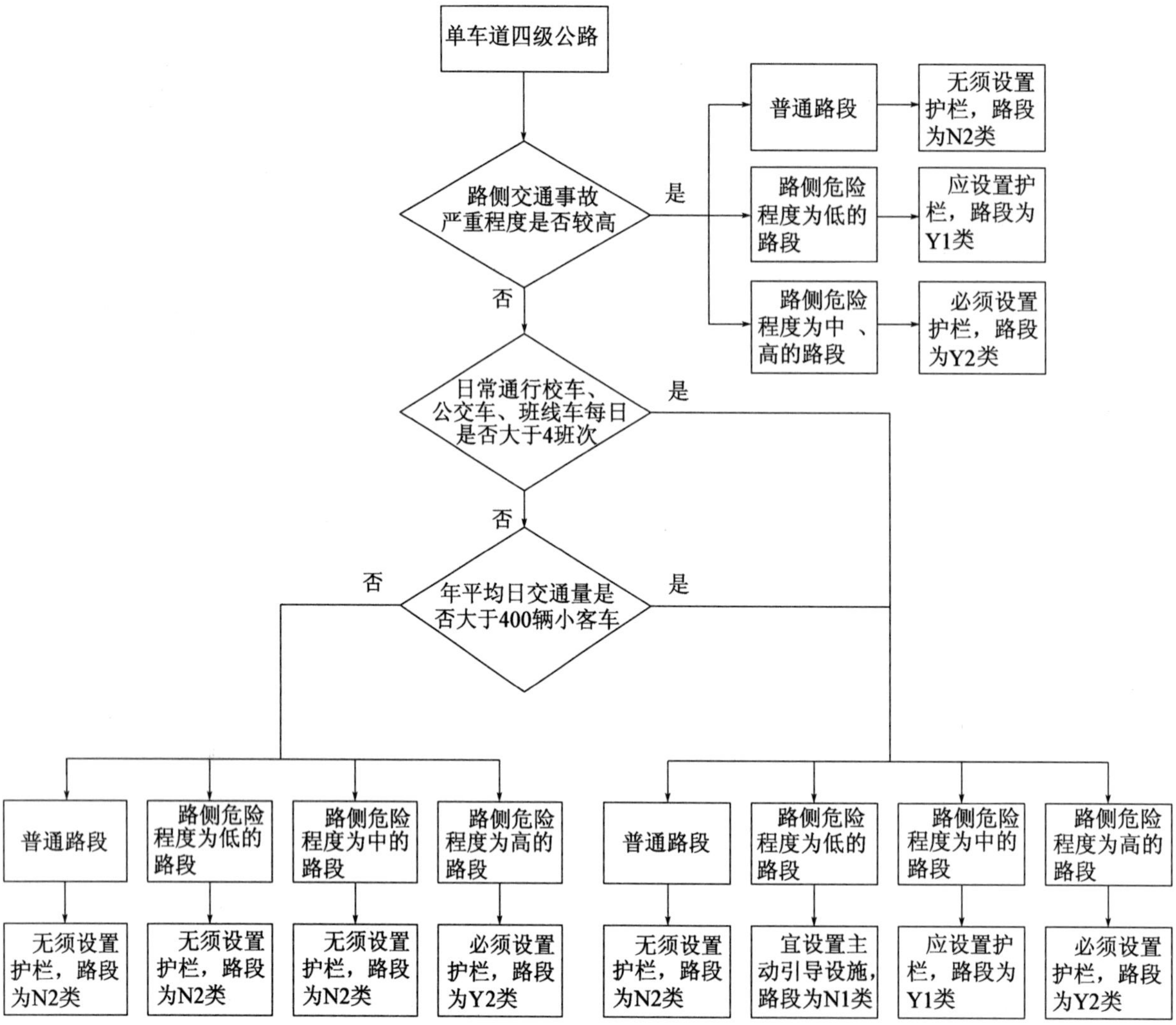

图 4.2-1　单车道四级农村公路路基路段排查评估流程

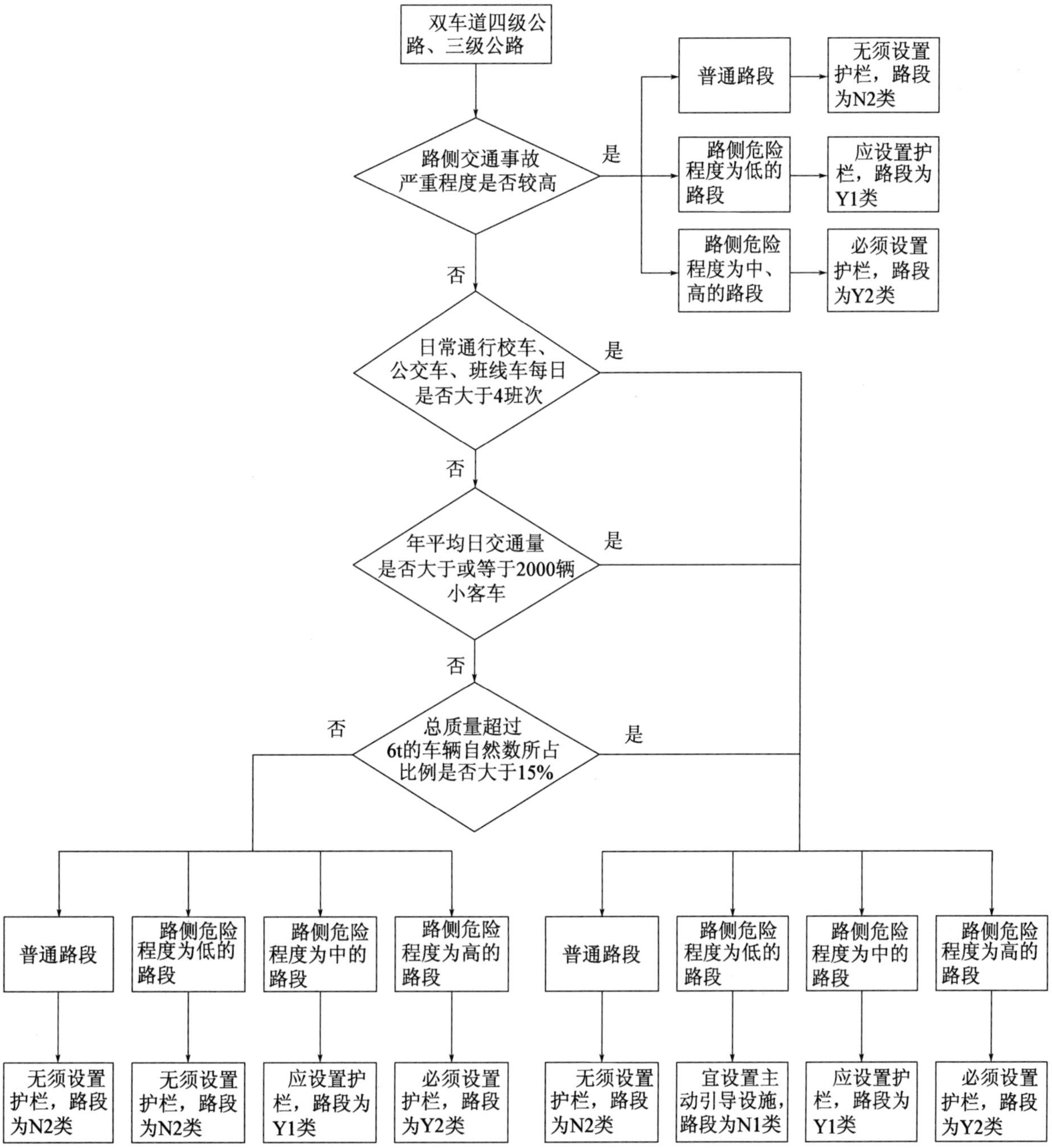

图 4.2-2　双车道四级、三级农村公路路基路段排查评估流程

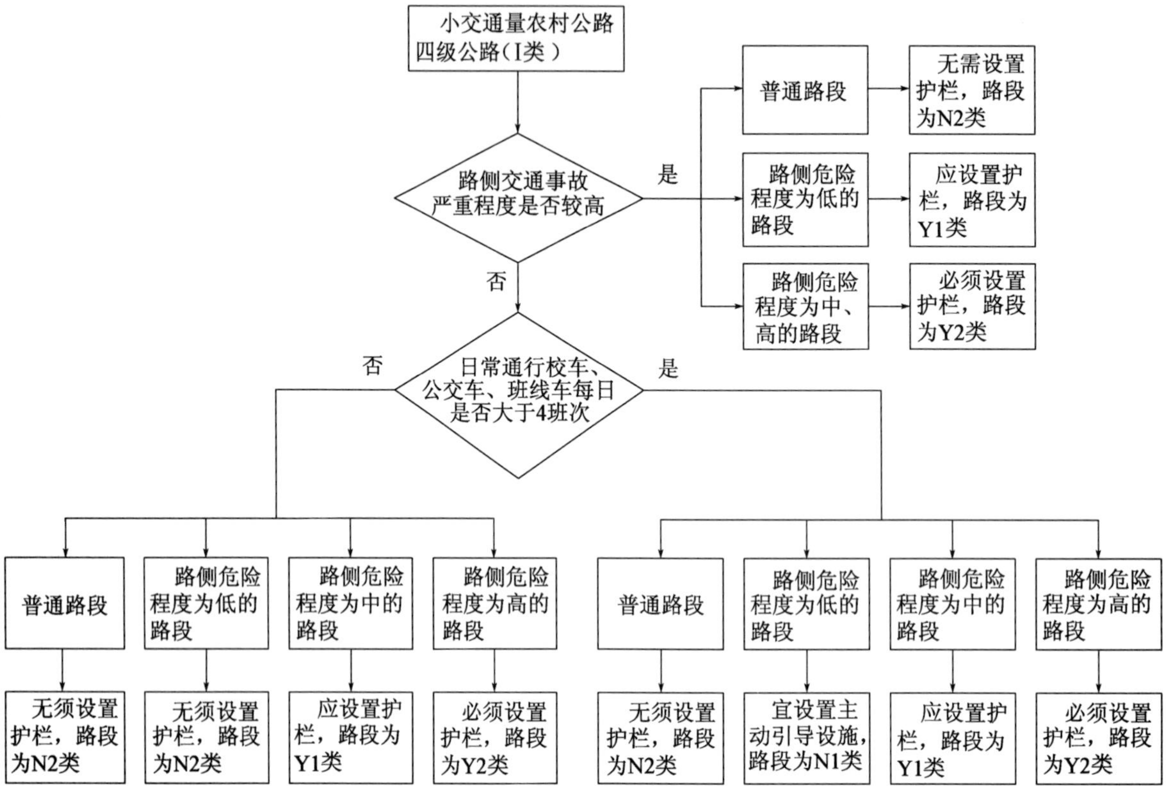

图 4.2-3　小交通量农村公路四级公路(Ⅰ类)路基路段排查评估流程

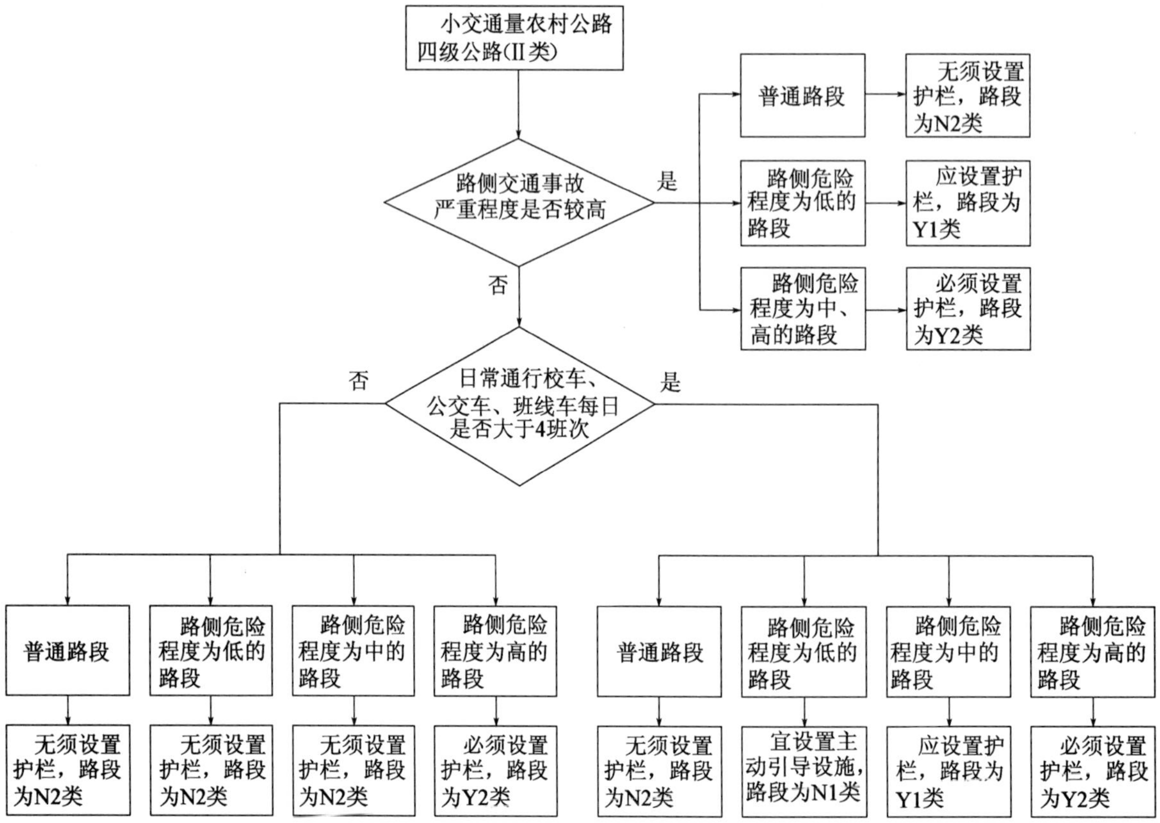

图 4.2-4　小交通量农村公路四级公路(Ⅱ类)路基路段排查评估流程

4　农村公路路基路段分类示例。

(1)单车道四级农村公路路基路段分类示例。

某单车道四级农村公路,设计速度为20km/h,全路段未发生有人员伤亡的驶出路外事故,未通行校车、公交车和班线车。根据近三年交调站记录数据,年平均日交通量为262辆小客车,小于400辆小客车,该公路各路段可按图4.2-5进行分类。

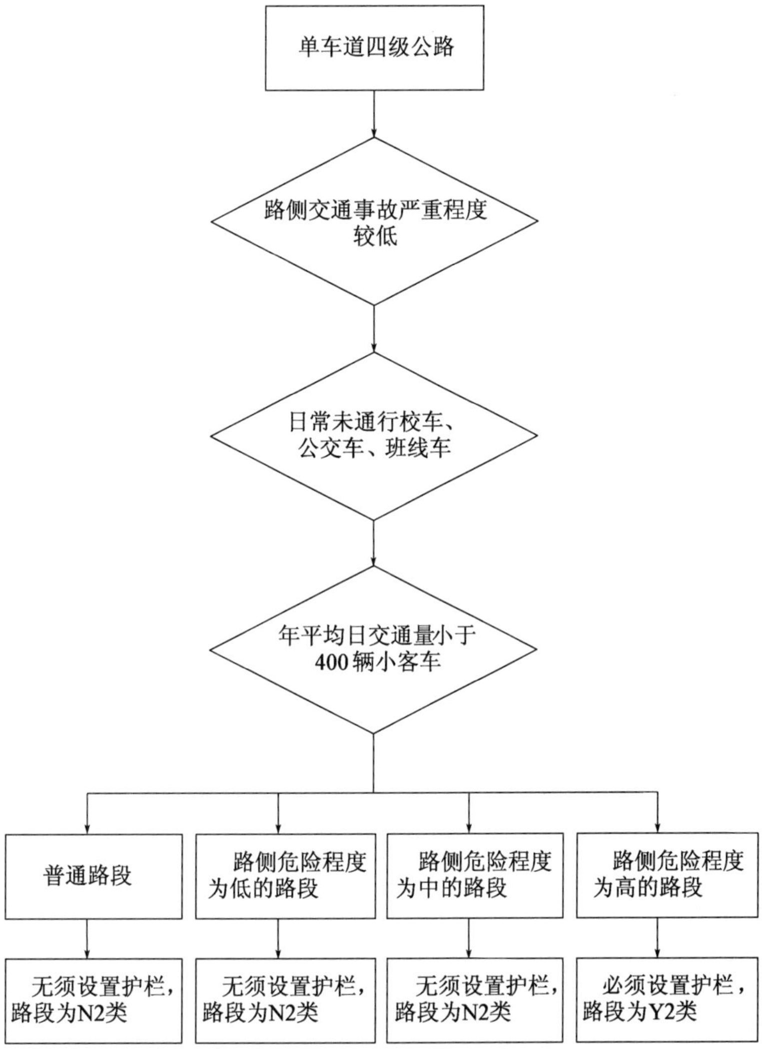

图4.2-5　某单车道四级农村公路路基路段分类示例

因该公路没有路侧危险程度为高的路段(路侧3m范围内没有高速铁路、高速公路、高压输电线塔、危险品储藏仓库等重要构筑物),该公路全路段评为N2类,无须设置护栏,应根据线形、路面、路侧环境等实际情况设置视线诱导和警示等主动引导设施。

(2)三级农村公路路基路段分类示例。

某三级农村公路,设计速度为40km/h,全路段未发生有人员伤亡的驶出路外事故,日常通行班线车每日8班次,大于4班次。该公路各路段可按图4.2-6进行分类,无须进行交通量和总质量超过6t的车辆自然数所占比例统计。

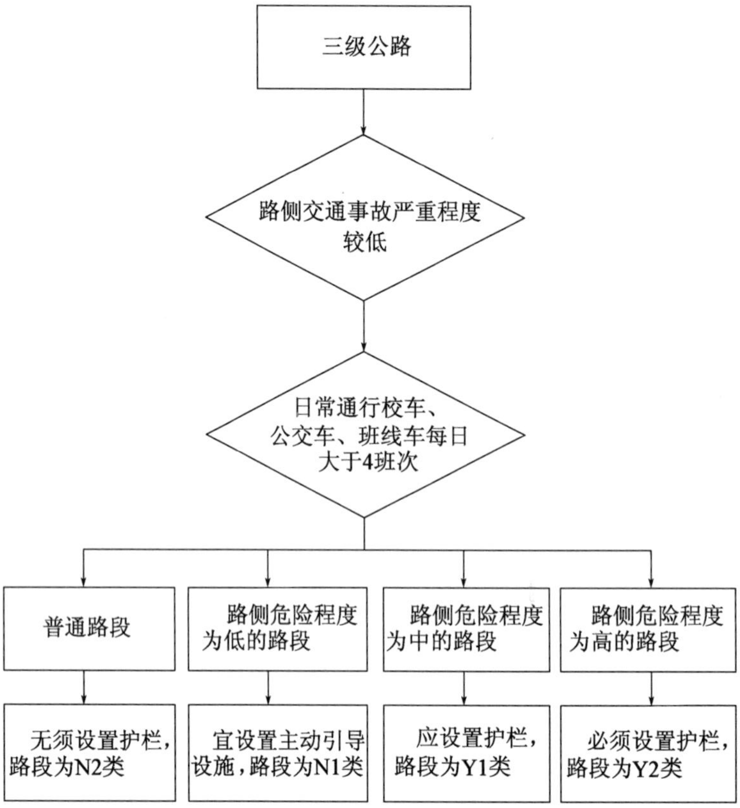

图 4.2-6　某三级农村公路路基路段分类示例

该公路没有路侧危险程度为高的路段(路侧 3m 范围内没有高速铁路、高速公路、高压输电线塔、危险品储藏仓库等重要构筑物),因此,公路路侧危险程度为低的路段(路侧 3m 范围内边坡坡度陡于 1∶1,填方高度为 4 ~ 30m)评为 N1 类,宜设置视线诱导和警示等主动引导设施,有条件(如资金、路侧条件等)时可根据实际需求设置护栏;路侧危险程度为中的路段(路侧 3m 范围内有高度 30m 以上的悬崖、深谷、深沟)评为 Y1 类,应设置护栏;其他的普通路段评为 N2 类,无须设置护栏,应根据线形、路面、路侧环境等实际情况设置视线诱导和警示等主动引导设施。

(3)小交通量农村公路路基路段分类示例。

某小交通量农村公路,技术等级为四级公路(Ⅰ类),设计速度为 15km/h,全线未通行校车、公交车和班线车。K8 +850 ~ K9 +970 路段发生 2 起有人员死亡的驶出路外事故,其中事故地点分别在 K9 +900 和 K9 +920,1 起事故死亡 1 人,另 1 起事故死亡 3 人,K8 +850 ~ K9 +970 路段可按图 4.2-7 进行分类。

K8 +850 ~ K9 +970 路段的路侧危险程度为中(路侧 3m 范围内有水深 1.5m 以上的池塘),评为 Y2 类,必须设置护栏。由于该公路全线未通行校车、公交车和班线车,除 K8 +850 ~ K9 +970 以外的其他路段可按图 4.2-8 进行分类。

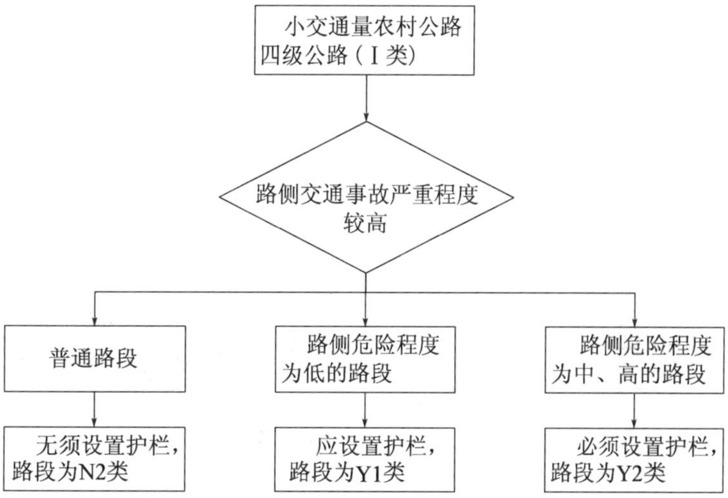

图4.2-7　某小交通量农村公路有事故的路基路段分类示例

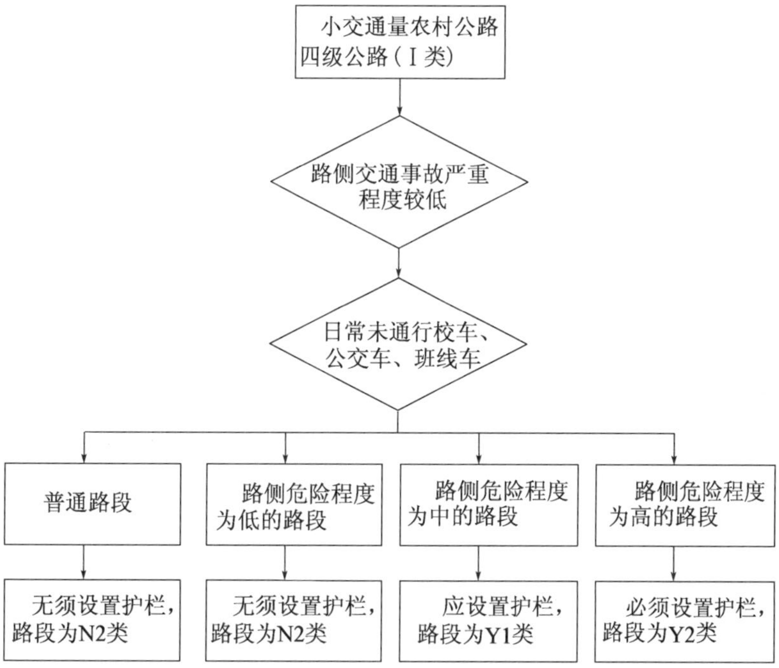

图4.2-8　某小交通量农村公路无事故的路基路段分类示例

4.3　桥涵路段排查评估与分类

4.3.1　特大桥、大桥、中桥、小桥按照《提升公路桥梁安全防护能力专项行动技术指南》进行排查评估和分类，将桥梁安全防护设施按提升优先顺序分为Ⅲ、Ⅱ、Ⅰ三类。

4.3.2　未设置护栏的涵洞(单孔跨径小于5m)安全防护设施分类判别标准如下：

1　具有下列情形之一时，涵洞安全防护设施为Ⅲ类。

(1)交通事故严重程度较高：根据资料收集与现场调查阶段获取的近三年内与碰撞涵

洞安全防护设施(含过渡段和端部)相关的交通事故数据统计资料,剔除无证驾驶、酒驾、毒驾、超速、超载等明显与公路技术状况无关的事故数据后,近三年内发生3起及3起以上,或1起死亡3人及以上的车辆坠桥事故,作为交通事故严重程度较高的判别条件;

(2)涵洞路侧建筑控制区范围内存在高速铁路、高速公路、高压输电线塔等重要构筑物,失控车辆有碰撞可能性;

(3)涵洞路面与坡底或低水位的高差大于30m。

2 跨越水深小于1.5m的水域,且涵洞高度低于4m,涵洞安全防护设施为Ⅰ类。

3 不具有本条第1、2款情形时,涵洞安全防护设施为Ⅱ类。

4.3.3 桥涵路段不同类型的安全防护设施按下列原则进行提升:

1 Ⅲ类安全防护设施,应按照现行标准的规定优先设置护栏,并配套设置交通标志、交通标线、视线诱导设施等其他交通安全设施。

2 Ⅱ类安全防护设施,宜结合公路改扩建工程和危旧桥梁改造工程等,按现行设计标准的规定逐步设置护栏和其他交通安全设施。

3 Ⅰ类安全防护设施,宜加强日常养护和管理,使其保持建设时期的设计标准要求。

4.4 公路技术指标排查和判别标准

4.4.1 单个急弯

单个弯道的圆曲线半径接近表4.4-1所列圆曲线最小半径值,回头曲线的圆曲线半径小于表4.4-2所列圆曲线最小半径值,且视距小于表4.4-4所列最小停车视距值。

单个弯道的圆曲线最小半径和圆曲线间最小距离 表4.4-1

<table>
<tr><td>设计速度(km/h)</td><td>40</td><td>30</td><td>20</td><td colspan="2">15</td></tr>
<tr><td>圆曲线最小半径(m)</td><td>60</td><td>30</td><td>15</td><td>双车道:15</td><td>单车道:10</td></tr>
<tr><td>圆曲线间最小距离(m)</td><td>80</td><td>60</td><td>40</td><td colspan="2">30</td></tr>
</table>

回头曲线的圆曲线最小半径和回头曲线间最小距离 表4.4-2

<table>
<tr><td>主线设计速度(km/h)</td><td colspan="2">40</td><td>30</td><td>20</td><td colspan="2">15</td></tr>
<tr><td>回头曲线设计速度(km/h)</td><td>35</td><td>30</td><td>25</td><td>20</td><td colspan="2">15</td></tr>
<tr><td>圆曲线最小半径(m)</td><td>40</td><td>30</td><td>20</td><td>15</td><td>双车道:15</td><td>单车道:10</td></tr>
<tr><td>回头曲线间最小距离(m)</td><td colspan="2">200</td><td>150</td><td>100</td><td colspan="2">75</td></tr>
</table>

4.4.2 连续急弯

连续有3个或3个以上小于或等于表4.4-1所列最小半径的圆曲线,且各圆曲线间的距离小于表4.4-1所列圆曲线间最小距离;或连续有两个或两个以上圆曲线半径小于表4.4-2所列圆曲线最小半径值的回头曲线,且由一个回头曲线的终点至下一个回头曲线起点的距离小于表4.4-2所列回头曲线间最小距离值。

4.4.3 连续长陡下坡

多个下坡连续里程大于3km,在相对高差为200~500m时平均纵坡大于5.5%,相对高差大于500m时,平均纵坡大于5%。

4.4.4 陡坡

除判断为连续长陡下坡条件外,最大纵坡大于或等于表4.4-3所列最大纵坡值。

最大纵坡 表4.4-3

设计速度(km/h)	40	30	20	15
最大纵坡(%)	7	8	9	14

4.4.5 视距不足

停车视距、会车视距与超车视距小于或等于表4.4-4所列视距值。

停车、会车与超车视距 表4.4-4

设计速度(km/h)	40	30	20	15
停车视距(m)	40	30	20	15
会车视距(m)	80	60	40	30
超车视距(m)	200	150	100	55

4.5 公路环境干扰因素排查

4.5.1 学校、村镇

排查公路是否穿越学校、集镇、村庄。

4.5.2 平面交叉

排查平面交叉的交通管理方式、设计速度、交叉角、渠化设计、线形、视距、转弯设计等指标,三、四级农村公路是否符合现行《公路路线设计规范》(JTG D20)相关规定;四级公路(Ⅰ类)和四级公路(Ⅱ类)是否符合现行《小交通量农村公路工程技术标准》(JTG 2111)相关规定。

4.5.3 公路条件变化

排查是否存在路基变窄、宽路窄桥、桥头接小半径曲线、路中间出现上跨桥墩、设计速度变化等公路条件变化的情况。

4.5.4 特殊气候条件

排查是否存在周期性或长期性大雾、霜冻等灾害性天气环境因素。

5 方案设计

5.1 一般规定

5.1.1 农村公路安全防护工程应结合辖区内农村公路路网的规划、建设、养护情况以及公路改扩建或其他专项工程的实施计划，统筹考虑设计方案。

5.1.2 通过深入分析实施路段现状情况及安全需求，结合路段排查评估结论，针对不同风险特征的农村公路，制订具体的实施技术方案，进行设计方案的经济和技术分析，完成安全防护工程方案设计。

5.1.3 对于确定需要设置护栏的路基路段，按照下列原则选取护栏的防护等级及护栏形式。

1 四级农村公路、设计速度为30km/h的三级农村公路和小交通量农村公路路基路段护栏防护等级一般选取为一(C)级。对于路侧危险程度为高的路段，护栏防护等级选取二(B)级，如表5.1-1所示。

四级农村公路、设计速度为30km/h的三级农村公路和小交通量农村公路路基路段护栏防护等级及推荐形式选取表 表5.1-1

路侧危险程度	路侧3m范围内有以下情况	防护等级	护栏推荐形式
低	(1)急弯或连续长陡下坡路段小半径曲线外侧，且填方高度为4～30m的路段； (2)非急弯或非连续长陡下坡路段边坡坡度陡于1:1，且填方高度为4～30m的路段	一(C)级	(1)C级路基协同式混凝土护栏(附录2.1、附录2.2)； (2)C级波形梁钢护栏(附录2.4)
中	(1)高度在30m以上的悬崖、深谷、深沟； (2)水深在1.5m以上的江、河、湖、海、沼泽等水域； (3)Ⅰ级铁路、一级公路、城市快速路，失控车辆有碰撞可能性； (4)高填方段(高度大于4m)坡底有居民房屋的路段，失控车辆有碰撞可能性	一(C)级	(1)C级路基协同式混凝土护栏(附录2.1、附录2.2)； (2)C级波形梁钢护栏(附录2.4)
高	高速铁路、高速公路、高压输电线塔、危险品储藏仓库等重要构筑物，失控车辆有碰撞可能性	二(B)级	(1)B级波形梁钢护栏(附录2.5)； (2)B级薄壁钢筋混凝土护栏(附录2.6)； (3)B级片石混凝土护栏(附录2.7)； (4)B级钢丝网石砌护栏(附录2.8)

注：护栏推荐形式宜依据路肩条件选用。

2　设计速度为40km/h的三级农村公路路基路段护栏防护等级一般选取为一(C)级。对于路侧危险程度为中的路段,护栏防护等级选取二(B)级。对于路侧危险程度为高的路段,护栏防护等级选取三(A)级,如表5.1-2所示。

设计速度为40km/h的三级农村公路路基路段护栏防护等级及推荐形式选取表　　表5.1-2

路侧危险程度	路侧3m范围内有以下情况	防护等级	护栏推荐形式
低	(1)急弯或连续长陡下坡路段小半径曲线外侧,且填方高度为4～30m的路段; (2)非急弯或非连续长陡下坡路段边坡坡度陡于1∶1,且填方高度为4～30m路段	一(C)级	(1)C级路基协同式混凝土护栏(附录2.1、附录2.2); (2)C级波形梁钢护栏(附录2.4)
中	(1)高度在30m以上的悬崖、深谷、深沟; (2)水深在1.5m以上的江、河、湖、海、沼泽等水域; (3)Ⅰ级铁路、一级公路、城市快速路,失控车辆有碰撞可能性; (4)高填方段(高度大于4m)坡底有居民房屋的路段,失控车辆有碰撞可能性	二(B)级	(1)B级波形梁钢护栏(附录2.5); (2)B级薄壁钢筋混凝土护栏(附录2.6); (3)B级片石混凝土护栏(附录2.7); (4)B级钢丝网石砌护栏(附录2.8)
高	高速铁路、高速公路、高压输电线塔、危险品储藏仓库等重要构筑物,失控车辆有碰撞可能性	三(A)级	(1)A级三波梁钢护栏; (2)A级混凝土护栏; (参见JTG/T D81—2017推荐护栏形式)

注:护栏推荐形式宜依据路肩条件选用。

5.1.4　对于确定需要设置护栏的三级农村公路、四级农村公路和小交通量农村公路桥梁和涵洞,桥梁护栏的防护等级一般选取为二(B)级。对于车辆驶出桥外的事故严重程度等级为高的桥梁和涵洞,桥梁护栏的防护等级选取三(A)级,如表5.1-3所示。

桥梁及涵洞路段护栏防护等级及推荐形式选取表　　表5.1-3

车辆驶出桥外的事故严重程度等级	防护等级	护栏推荐形式
中:其他桥梁	二(B)级	(1)B级外挂式桥梁护栏(附录2.9); (2)B级梁柱式小型桥梁护栏(附录2.10)
高:跨越公路、铁路或城市饮用水水源一级保护区等路段的桥梁	三(A)级	(1)A级轻型镂空美观桥梁护栏(附录2.11); (2)A级梁柱式桥梁护栏(附录2.12)

注:桥梁护栏推荐形式宜依据桥侧及桥梁翼板条件选用。

5.1.5　各种护栏结构的适用条件如表5.1-4所示。

护栏结构形式及适用条件　　表5.1-4

设置位置	防护等级	结构形式	适用条件
路基段	一(C)级	单坡面C级路基协同式混凝土护栏:见附录2.1	建筑限界之外土路肩宽度不小于25cm
	一(C)级	直墙式C级路基协同式混凝土护栏:见附录2.2	建筑限界之外土路肩宽度不小于20cm
	一(C)级	示警墩提升至C级护栏:见附录2.3	有设置C级护栏的需求,且既有安全设施为示警墩的路段
	一(C)级	C级波形梁钢护栏:见附录2.4	建筑限界之外土路肩宽度不小于48cm
	二(B)级	B级波形梁钢护栏:见附录2.5	建筑限界之外土路肩宽度不小于48cm
	二(B)级	B级薄壁钢筋混凝土护栏:见附录2.6	建筑限界之外土路肩宽度不小于50cm
	二(B)级	B级片石混凝土护栏:见附录2.7	石材较多的山区公路,建筑限界之外土路肩宽度不小于60cm
	二(B)级	B级钢丝网石砌护栏:见附录2.8	石材较多的山区公路,建筑限界之外土路肩宽度不小于44cm
桥梁段	二(B)级	B级外挂式桥梁护栏:见附录2.9	桥梁翼板厚度不小于20cm
	二(B)级	B级梁柱式小型桥梁护栏:见附录2.10	桥梁翼板厚度不小于20cm,有漫水需求
	三(A)级	A级轻型镂空美观桥梁护栏:见附录2.11	桥梁翼板+桥面铺装层总厚度不小于20cm,有景观需求
	三(A)级	A级梁柱式桥梁护栏:见附录2.12	桥梁翼板+桥面铺装层总厚度不小于30cm

5.1.6　可结合安全评价、公路交通安全风险评估等方法对农村公路安全防护工程设计开展技术咨询或评价工作。重点论证设计方案是否满足农村公路实际安全防护需求,是否符合因地制宜、经济有效的设计原则;全线的安全设施布设是否体现系统性并与周围环境相协调。根据实施路段现场勘察论证和校核设计方案可行性,检查设计是否便于现场工程实施等。

5.2　基本路段处置方案设计

5.2.1　临水临崖及其他路侧险要路段

1　设计要点

(1)临水临崖及其他路侧险要路段应进行交通安全及经济综合分析,并结合地方配套资金能力,合理确定设计方案。

(2)临水临崖及其他路侧险要路段应采用速度控制管理,完善警告标志、标线及视线诱导设施,提升视距,加强路侧防护等处置措施,在保障安全的情况下,合理控制路侧防护设施建设成本。

(3)根据路段主要风险因素、路侧危险程度及可能发生路侧事故的严重程度，结合线形条件及路侧条件，参照表5.2-1合理选择其中一项或多项处置措施。

农村公路临水临崖及其他路侧险要路段处置措施表 表5.2-1

风险因素识别	可选处置措施	适用条件
路侧3m范围内有铁路、高等级公路、高压输电线塔、危险品储藏仓库等设施，路侧危险程度为高	(1)设置限速标志	全部适用
	(2)设置警告标志、减速标线等减速设施	结合线形条件需要时
	(3)必须设置路侧护栏	全部适用
路侧3m范围内有深度30m以上的悬崖、深谷、深沟或水深1.5m以上的江、河、湖、海、沼泽等水域，路侧危险程度为中	(1)设置限速标志	全部适用
	(2)设置警告标志、减速标线等减速设施	结合线形条件需要时
	(3)设置轮廓标、线形诱导标等视线诱导设施，施划车行道边缘线	结合线形条件需要时
	(4)设置示警桩、示警墩等视线诱导设施	三级公路、四级公路、小交通量农村公路Y1类路段客观上无法设置护栏时； 单车道四级公路、小交通量农村公路四级公路(Ⅱ类)N2类路段
	(5)设置土堆、石堆、石砌防护墙或钢丝笼碎石防护墙；路侧行道树、竹林连续种植长度超过20m，且树木、竹子直径在10～15cm范围内的，可使用柔性防护网	单车道四级公路、小交通量农村公路四级公路(Ⅱ类)N2类路段，且具备设置条件
	(6)应设置路侧护栏	三级公路、四级公路、小交通量农村公路Y1类路段
	(7)必须设置路侧护栏	三级公路、四级公路Y2类路段
路侧3m范围内路堤高度为4～30m的路段且边坡坡度大于1:1，路侧危险程度为低	(1)设置限速标志	全部适用
	(2)设置警告标志、减速标线等减速设施	结合线形条件需要时
	(3)设置轮廓标、线形诱导标等视线诱导设施，施划车行道边缘线	结合线形条件需要时
	(4)设置示警桩、示警墩等视线诱导设施	N1类路段、N2类路段
	(5)设置土堆、石堆、石砌防护墙或钢丝笼碎石防护墙；路侧行道树、竹林连续种植长度超过20m，且树木、竹子直径在10～15cm范围内的，可使用柔性防护网	N1类路段、N2类路段，且具备设置条件

续上表

风险因素识别	可选处置措施	适用条件
路侧3m范围内路堤高度为4～30m的路段且边坡坡度大于1:1，路侧危险程度为低	(6)有条件可设置护栏	三级公路、四级公路、小交通量农村公路N1类路段，且具备设置护栏条件
	(7)应设置路侧护栏	三级公路、四级公路、小交通量农村公路Y1类路段

2　设计示例

示例5.2-1：某单车道四级公路，设计速度为30km/h，年平均日交通量大于400辆小客车。地处山区路段，一侧为山体，另一侧为饮用水水源一级保护区，水深大于1.5m，土路肩宽度为75cm。结合事故严重程度及中大型车比例，路段分类为Y1类。

主要处置措施：设置指示标志，提醒驾驶员注意区域路况变化，在临水一侧设置C级波形梁钢护栏，防止车辆发生坠河事故，见图5.2-1。

图5.2-1　临水路段设计示例

示例5.2-2：某单车道四级公路，设计速度为30km/h，年平均日交通量大于400辆小客车。地处急弯路段，一侧为山体，另一侧为边坡高度大于30m的陡崖，土路肩宽度为50cm。结合事故严重程度及中大型车比例，路段分类为Y1类。

主要处置措施：混凝土路面设置为减速路面，对车辆速度进行控制；路侧设置单坡面C级路基协同式混凝土护栏，降低车辆驶出路侧发生坠崖事故的风险，混凝土护栏设置排水孔，解决路面排水问题，避免雨季山体排水对路堤冲刷造成水毁，见图5.2-2。

示例5.2-3：某单车道四级公路，设计速度为20km/h，年平均日交通量小于400辆小客车。地处急弯路段，一侧为山体，另一侧边坡高度约为20m，土路肩宽度大于1.5m，边坡坡度大于1:1。结合事故严重程度及中大型车比例，路段分类为N2类。

主要处置措施：在小半径曲线外侧设置土堆，对小型车辆进行拦挡，降低车辆驶出路外发生坠崖事故的风险，土堆设置长度不小于20m，见图5.2-3。

图 5.2-2 临崖路段设计示例

图 5.2-3 高边坡路段设计示例

5.2.2 急弯陡坡路段

1 设计要点

(1)急弯陡坡路段应重点采用速度控制管理,完善警告标志、标线及视线诱导设施,提升视距和完善服务设施等处置措施。

(2)急弯路段可根据历史事故资料及事故发生原因合理采用设置减速路面或其他物理性减速措施。

(3)急弯路段可根据路侧危险程度和历史事故资料在弯道处外侧设置护栏或加强护栏防护等级。

(4)急弯路段可结合交通量及路侧条件,采取路面加宽的处置措施。

(5)对不同风险特征的急弯陡坡路段,可结合交通量、交通组成、路侧危险程度及交通事故等情况,参照表 5.2-2 合理选择其中一项或多项处置措施。

急弯陡坡路段处置措施表 表 5.2-2

风险因素识别	可选处置措施	适用条件
急弯路段	(1)纵坡平缓且开挖路堑土石方及边坡防护工程数量不大、成本较低时可裁弯取直	有条件时
急弯路段	(2)设置急弯与限速标志,设置凸面镜	全部适用
急弯路段	(3)设置禁止超车标志,施划车行道边缘线、对向车行道分界线及减速标线	三级公路、双车道四级公路
急弯路段	(4)施划车行道边缘线,设置减速标线或减速路面	单车道四级公路、小交通量农村公路
急弯路段	(5)设置线形诱导标或轮廓标	结合路侧条件需要时
急弯路段	(6)弯道外侧设置路侧护栏	Y1 类路段、Y2 类路段
急弯路段	(7)弯道外侧设置土堆、石堆、石砌防护墙或钢丝笼碎石防护墙;路侧行道树、竹林连续种植长度超过 20m,且树木、竹子直径在 10~15cm 范围内的,可使用柔性防护网	N1 类路段、N2 类路段,且具备设置条件
急弯路段	(8)弯道外侧设置示警桩或示警墩	N1 类路段、N2 类路段

续上表

风险因素识别	可选处置措施	适用条件
曲线内侧山体或树木遮挡导致视距不良	(1)修剪树木或开挖视距平台,提升视距	有条件时
	(2)在曲线外侧设置凸面镜,设置急弯、鸣笛、禁止超车等标志	结合路侧条件需要时
	(3)进入小半径曲线路段之前设置减速标线	三级公路、双车道四级公路
	(4)弯道内侧路面加宽	有条件时
不良线形组合(连续长陡下坡接弯道、凸曲线接弯道等)	(1)设置警告标志、限速标志	全部适用
	(2)设置线形诱导标或轮廓标,施划车行道边缘线	结合路侧条件需要时
	(3)连续长陡下坡路段以及进入小半径曲线路段之前设置减速标线	三级公路、双车道四级公路
	(4)弯道外侧及连续长陡下坡中后段设置路侧护栏,同时可设置振动型车行道边缘线	Y1 类路段、Y2 类路段
	(5)弯道外侧及连续长陡下坡中后段设置示警桩或示警墩	N1 类路段、N2 类路段
陡坡路段	(1)设置警告标志、限速标志	全部适用
	(2)设置禁止超车标志,施划车行道边缘线、对向车行道分界线及减速标线	三级公路、双车道四级公路
	(3)施划车行道边缘线,设置减速标线或减速路面	单车道四级公路、小交通量农村公路
	(4)设置路侧护栏,同时可设置振动型车行道边缘线	Y1 类路段、Y2 类路段
	(5)设置示警桩或示警墩	N1 类路段、N2 类路段

2 设计示例

示例 5.2-4:某单车道四级公路,设计速度为 20km/h,年平均日交通量小于 400 辆小客车。地处连续急弯及陡坡路段,道路两侧植被茂密,连续急弯路段视距有遮挡。结合事故严重程度及中大型车比例,路段分类为 N2 类。

主要处置措施:进入连续急弯及陡坡路段之前的位置设置“下陡坡”与“连续弯路”警告标志,提醒驾驶员前方道路情况;设置“限速 20km/h”的禁令标志,对车辆速度进行控制,降低车辆对撞的风险,见图 5.2-4。

图 5.2-4　急弯陡坡路段设计示例 1

示例 5.2-5：某双车道四级公路，设计速度为 30km/h，年平均日交通量大于 400 辆小客车。地处急弯陡坡路段，坡顶为居民集中居住区，道路一侧为山体，另一侧边坡高度约为 15m，急弯路段视距有遮挡。结合事故严重程度及中大型车比例，路段分类为 N1 类。

主要处置措施：清除视距遮挡路段弯道内侧的树木，适度削挖山体，保持路段视距良好，降低车辆对撞的风险。小半径曲线外侧设置示警桩，对驾驶员进行视线诱导，见图 5.2-5。

图 5.2-5　急弯陡坡路段设计示例 2

示例 5.2-6：某双车道四级公路，设计速度为 30km/h。地处急弯陡坡路段，道路一侧为山体，另一侧边坡高度大于 30m，急弯路段视距有遮挡且存在回头弯。结合事故严重程度及中大型车比例，路段分类为 Y1 类。

主要处置措施：边坡高度大于 30m 的小半径曲线外侧设置 C 级混凝土护栏，降低车辆驶出路外发生坠崖事故的风险；护栏端部设置土堆作为缓冲与拦挡设施；清除视距遮挡路段弯道内侧的树木，配合设置反光凸面镜，改善视距，见图 5.2-6。

示例 5.2-7：某单车道四级公路，设计速度为 30km/h。地处急弯路段，道路一侧为山体，另一侧为农田或民居，急弯路段视距有遮挡。结合事故严重程度及中大型车比例，路段分类为 N2 类。

主要处置措施：施划道路边缘线，路侧设置线形诱导标，对驾驶员进行视线诱导，降低车辆冲出路侧的风险；设置反光凸面镜，降低车辆对撞的风险；施划减速标线，对车辆速度进行控制，见图 5.2-7。

图 5.2-6　急弯陡坡路段设计示例 3

图 5.2-7　急弯路段设计示例 4

示例 5.2-8:某三级公路,设计速度为 40km/h。地处连续急弯路段,道路两侧植被茂密,急弯路段视距有遮挡。结合事故严重程度及中大型车比例,路段分类为 N2 类。

主要处置措施:进入连续急弯路段之前的位置设置"连续弯路"警告标志,提醒驾驶员前方道路情况;路面施划禁止跨越对向车行道分界线、减速标线,设置限速标志对车辆速度进行控制,降低车辆对撞或驶出路外的风险,见图 5.2-8。

图 5.2-8　连续急弯路段设计示例 1

示例5.2-9:某三级公路,设计速度为40km/h。地处连续急弯路段,弯道外侧边坡高度不等,范围为4~30m。结合事故严重程度及中大型车比例,路段分类为N1类。

主要处置措施:路侧设置线形诱导标,对驾驶员进行视线诱导。边坡高度为4~30m且边坡坡度大于1:1的路段,在小半径曲线外侧设置C级波形梁钢护栏,降低车辆驶出路外发生坠崖事故的风险,波形梁护栏上设置附着式轮廓标;边坡高度为4~30m的直线段以及边坡高度小于4m的小半径曲线外侧设置示警桩,对驾驶员进行视线诱导及警示,防止车辆驶出路外,见图5.2-9。

图5.2-9 连续急弯路段设计示例2

示例5.2-10:某三级公路,设计速度为30km/h。连续回头弯路段,路侧边坡高度大于30m,连续下坡,易发生车辆驶出路外事故。结合事故严重程度及中大型车比例,路段类型为Y1类。

主要处置措施:尽可能利用地形拓宽路基,修整路侧较深沟坎,尽量提供路侧容错空间;在连续弯道起点合适位置设置警告标志(或告示牌)与限速标志;在直线路段施划可跨越对向车行道分界线,视距不良的弯道路段施划禁止跨越对向车行道分界线;弯道下坡路段设置振动减速标线;在小半径曲线外侧设置C级混凝土护栏,如图5.2-10所示。

图5.2-10 连续急弯路段设计示例3

示例5.2-11：某三级公路，设计速度为40km/h。地处陡坡路段，道路两侧植被茂密，坡顶处视距不良，占道超车时，易与对向车辆相撞，下坡时车速较快，占道超车时，与后车制动不及时，易引发交通事故。结合事故严重程度及中大型车比例，路段类型为N1类。

主要处置措施：陡坡路段施划禁止跨越对向车行道分界线，禁止超车；上坡前设置禁止超车标志和上陡坡标志，过陡坡后设置解除禁止超车标志，施划可跨越对向车行道分界线，见图5.2-11。

a)处置前

b)处置后

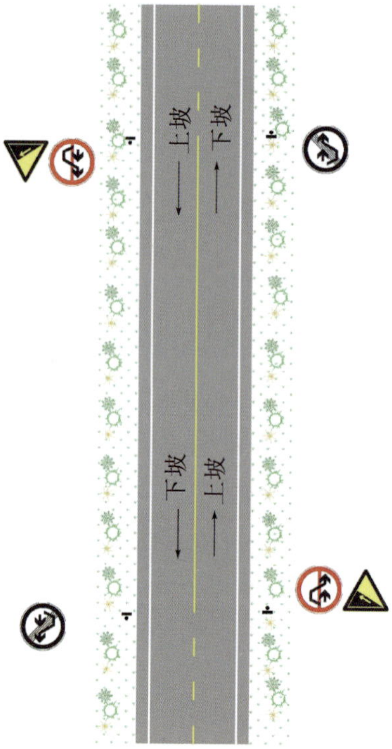

c)设计方案示意

图5.2-11　陡坡路段设计示例

5.2.3　桥头接小半径曲线路段

1　设计要点

(1)桥头接小半径曲线路段应在进入桥梁或小半径曲线路段的前方采用设置道路条件

变化相关警告标志、速度控制等措施,重点加强桥梁端部的警示及防护。小半径曲线路段重点完善警告标志及线形诱导设施、改善视距、加强曲线外侧的安全防护。

(2)桥头接小半径曲线路段除参照急弯路段设计要点进行设计以外,还应考虑桥头接小半径曲线路段的速度控制和路桥衔接处防护设施的有效过渡。

具体参照表5.2-3合理选择其中一项或多项处置措施。

桥头接小半径曲线路段处置措施表 表5.2-3

风险因素识别	可选处置措施	适 用 条 件
桥梁及桥梁端部	(1)进入桥梁路段前设置警告标志,提示道路变化	全部适用
	(2)在年平均日交通量大于2000辆小客车,且设计速度大于20km/h的桥头路段,采取限速措施,设置减速标线或减速丘	结合交通条件需要时
	(3)桥梁路段按照相关规范要求设计桥梁护栏及过渡段。在护栏上设置轮廓标,路面施划车行道边缘线,为夜间行车提供视线诱导	全部适用
	(4)连接桥梁的路基段未设置护栏,且相邻路基段边坡高度大于4m的,应将桥梁护栏延长设置,延长长度不小于2m	全部适用
	(5)对桥梁护栏端部进行外展处理。不具备外展条件的,可在桥梁端部设置废旧轮胎、防撞桶等缓冲设施,或对端部进行警示处理	全部适用
与桥头连接的急弯路段	(1)清除弯道内遮挡视距的植被或山体,设置凸面镜	视距不良时
	(2)设置急弯与限速组合标志	全部适用
	(3)设置路面标线及禁止超车标志	三级公路、双车道四级公路
	(4)弯道外侧设置路侧护栏	Y1类路段、Y2类路段
	(5)弯道外侧设置土堆、石堆、石砌防护墙或钢丝笼碎石防护墙;路侧行道树、竹林连续种植长度超过20m,且树木、竹子直径在10~15cm范围内的,可使用柔性防护网	N1类路段、N2类路段,且具备设置条件
	(6)弯道外侧设置示警桩或示警墩	N1类路段、N2类路段

2 设计示例

示例5.2-12:某单车道四级公路,设计速度为20km/h。桥头接小半径曲线路段。原桥梁护栏设置高度不足(实测高度为45cm),护栏端部未进行安全处置。

主要处置措施：规范桥梁护栏设置，依据相关标准规范要求，将桥梁护栏提升至合适的防护等级。进入急弯路段前设置警告标志、限速标志，急弯路段路面设置减速标线；桥梁护栏端部进行外展处置，不具备外展条件的，护栏端部贴黄黑相间的反光膜，对驾驶员起到警示作用；小半径曲线外侧设置示警桩，桥梁护栏上附着轮廓标，增强视线诱导作用，见图 5.2-12。

a)处置前

b)处置后

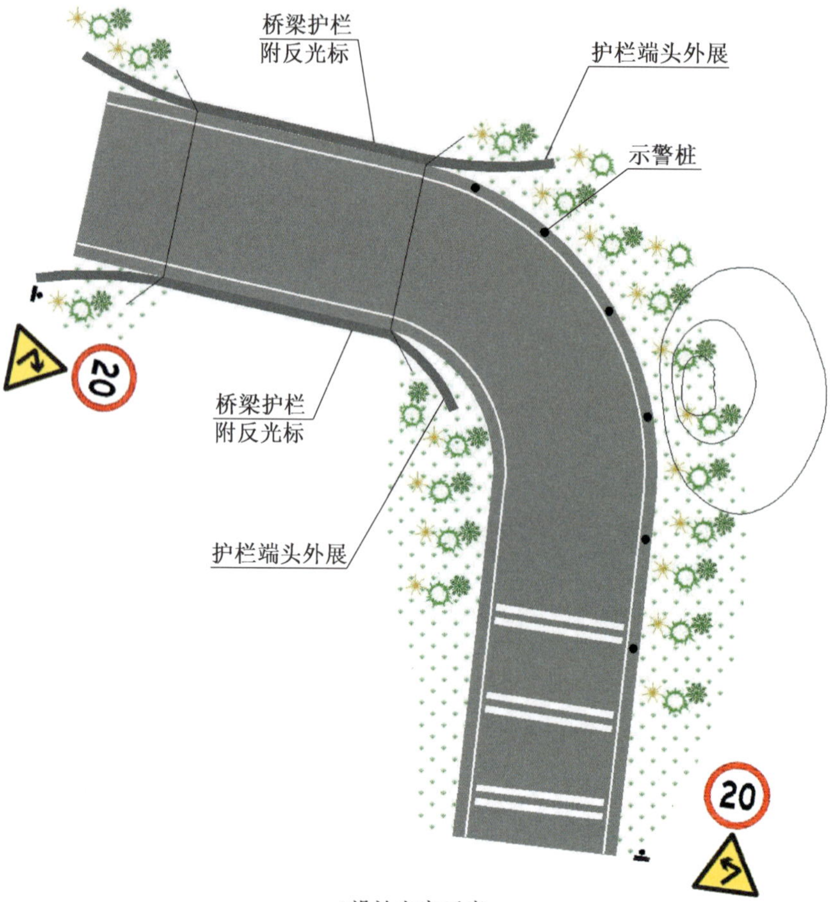

c)设计方案示意

图 5.2-12　桥头接小半径曲线路段设计示例

5.2.4 连续长陡下坡路段

1 设计要点

(1)连续长陡下坡路段应重点完善警告标志、限速标志,完善标线设置,加强视线诱导。

(2)提升路侧防护设施,必要时设置避险车道。

(3)提升必要的服务设施,如加水站、停车区等。

连续长陡下坡路段结合路侧危险程度,参照表5.2-4合理选择其中一项或多项处置措施。

连续长陡下坡路段处置措施表 表5.2-4

风险因素识别	可选处置措施	适用条件
连续长陡下坡路段前方及起始段	(1)设置连续长陡下坡警告标志,可采用辅助标志标明连续长陡下坡长度	全部适用
	(2)设置限速标志、禁止超车标志、减速标线及车行道边缘线	三级公路、双车道四级公路
	(3)可根据地形条件设置加水站或停车区,并设置配套的相关标志进行提醒	有条件时
	(4)根据路侧危险程度,参照表5.2-2设置适度的视线诱导设施或防护设施,如设置示警桩或路侧护栏(附轮廓标或反光膜)	全部适用
连续长陡下坡路段中后段	(1)设置下陡坡、连续长陡下坡警告标志	全部适用
	(2)设置块石路面辅助控制车速	全部适用
	(3)制动失效事故多发路段可根据地形条件设置避险车道,并设置配套警告标志、避险车道护栏	有条件时
	(4)根据路侧危险程度,参照表5.2-2设置适度的视线诱导设施或防护设施,如设置示警桩或路侧护栏(附轮廓标或反光膜)	全部适用

2 设计示例

示例5.2-13:某双车道四级公路,设计速度为30km/h。地处连续长陡下坡路段,部分路段视距不良。结合事故严重程度及中大型车比例,路段分类为N1类。

主要处置措施:进入连续长陡下坡路段之前的位置设置"连续下坡"警告标志,提醒驾驶员前方道路情况;路面施划减速标线,对车辆速度进行控制;小半径曲线外侧设置凸面镜,降低车辆对撞的风险,见图5.2-13。

图 5.2-13　连续长陡下坡路段设计示例

示例 5.2-14：某单车道四级公路，设计速度为 20km/h。地处下陡坡路段，部分路段视距不良。路段分类为 N2 类。

主要处置措施：进入下陡坡路段之前的位置设置“下陡坡”警告标志，提醒驾驶员前方道路情况，见图 5.2-14。

图 5.2-14　下陡坡路段设计示例

5.2.5　村镇及学校路段

1　判别指标

(1)穿村镇路段具有下列情形之一时，需进行处置：

①穿村镇路段纵坡大于表 5.2-5 的规定值。

穿村镇路段最大纵坡表　　表 5.2-5

设计速度(km/h)	40	30	20	15
最大坡度(%)	3.5	4	5	5.5

②路侧建筑距离路面边缘小于 3m，无路宅分离设施，且车辆运行速度大于 30km/h。

③路段位于集镇段，路侧商铺及民宅较多，行人、非机动车与机动车混行严重。

(2)学校路段具有下列情形之一时,需进行处置:

①学校出入口直接接入公路,且出入口位于纵坡大于 2.5% 的线形上或设置超高的曲线路段及前后 100m 范围内。

②受植被、房屋等影响,学校出入口视距不良。

2　设计要点

(1)农村公路穿越集镇、村庄、学校路段应注重路段环境变化的警告与提示,如道路条件变化相关警告标志、注意儿童警告标志、注意行人警告标志、速度控制措施等。

(2)加强接入管理措施,对路侧较密集的开口合并管理,控制出入口数量,减少主路开口,减少支路车辆、非机动车、行人、牲畜等对主路车辆的运行干扰。

(3)村镇路段安全设施的设计应注重安全便民,减少对居民生活及出行的影响。

(4)学校路段重点解决限速与视距问题。

(5)对于年平均日交通量大于 1000 辆小客车,且车辆运行速度大于 30km/h 的农村公路学校路段,宜设置人行横道标志、标线,有条件时可增加路侧人行道或隔离设施。

(6)对于年平均日交通量大于 1000 辆小客车,且车辆运行速度大于 30km/h 的农村公路村镇路段,重点解决路宅分离问题,即公路和生活空间的分离,保证主路车辆行驶的安全与畅通。根据沿线具体情况设置路宅分离隔离设施,并合理限速。

具体参照表 5.2-6 合理选择其中一项或多项处置措施。

穿越村镇及学校路段处置措施表　　表 5.2-6

风险因素识别	可选处置措施	适 用 条 件
村镇路段	(1)设置村庄、注意行人等警告标志	全部适用
	(2)进入村庄路段前设置减速标线或减速丘及配套标志、标线,行人密集路段设置人行横道线,配套设置人行横道标志、路面标线等	三级公路
	(3)进入村庄前的路段设置块石路面或减速丘及配套标志、标线	四级公路
	(4)设置限速标志	全部适用
	(5)在村镇路段交叉路口、集市贸易场地等交通安全隐患突出的地方设置信号灯或黄闪光灯,提示车辆停车或减速避让	三级公路
	(6)路宅分离:根据路段实际情况,利用护栏、绿化带、花坛、篱笆、隔离栏杆、隔离墙等设施将公路主线与路侧住户活动场所隔离	必要时
	(7)路中设置安全岛等保护行人横穿的庇护区	有条件时
	(8)依据路侧空间情况,可在路侧设置人行道,人行道与车行道之间应采用路缘石分隔,并高出路面 10 ~ 20cm	有条件时

续上表

风险因素识别	可选处置措施	适 用 条 件
学校路段	(1)设置前方学校、注意儿童等警告标志,设置禁止鸣笛禁令标志,进入学校路段前设置减速标线、块石路面或减速丘及配套标志、标线	全部适用
	(2)设置人行横道线,配套设置人行横道标志、路面标线等	三级公路
	(3)设置限速标志(可标注特定时间段)	全部适用
	(4)在临近学校门口路段设置信号灯或黄色闪光灯,提示车辆减速或停车让行	三级公路
	(5)清理或移除遮挡学校出入口视距的障碍物	视距不良时

3　设计示例

示例5.2-15:某三级公路,地处村镇路段,线形条件良好。

主要处置措施:进入村庄前设置“注意村庄”警告标志;路面施划车行道边缘线,对行驶车辆进行视线诱导;施划道路对向车行道分界线,分隔对向车流,降低车辆发生对撞事故的风险;施划减速标线,对车辆速度进行控制;使用竹篱笆进行路宅分离,减少道路横向干扰,同时起到美化路域环境的作用,见图5.2-15。

图5.2-15　村镇路段设计示例

示例5.2-16:某三级公路,途经学校路段,路段内包含平面交叉及路侧险要路段,交通条件较为复杂。

主要处置措施:进入途经学校路段前设置“注意儿童”警告标志,辅助设置“前方学校、减速慢行”的标志;路面施划车行道边缘线,对行驶车辆进行视线诱导;施划道路对向车行道分界线,分隔对向车流,降低车辆发生对撞事故的风险;施划减速标线,对车辆速度进行控制;设置“前方十字路口”警告标志,提示前方道路变化情况。路侧险要路段设置波形梁护栏,避免车辆冲出路外,护栏端部贴黄黑反光膜,对车辆起到警示作用,见图5.2-16。

示例5.2-17:某单车道四级公路,途经学校路段,学校门口道路与公路夹角约30°,且接入口距离较短。

图 5.2-16　途经学校路段设计示例 1

主要处置措施：进入途经学校路段前设置“注意儿童”警告标志，辅助设置“前方学校、减速慢行”的标志；路面施划减速标线，对车辆速度进行控制；设置“禁止鸣笛”禁令标志，减少噪声对学校的干扰，见图 5.2-17。

a)处置前

b)处置后

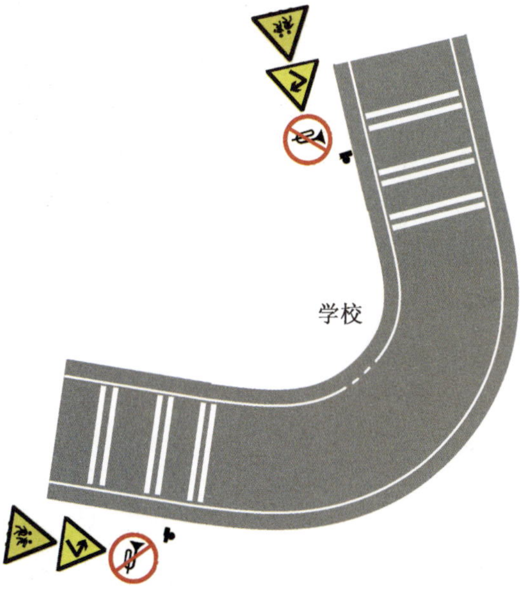

c)设计方案示意

图 5.2-17　途经学校路段设计示例 2

示例 5.2-18：某单车道四级公路，途经学校路段，学校门口处于弯道路段，视距不良。

主要处置措施：双向进入途经学校路段前设置“注意儿童”及“急弯”警告标志，辅助设置“前方学校、减速慢行”的标志，设置黄色闪光灯；路面设置减速丘，对车辆速度进行控制，见图5.2-18。

图5.2-18　途经学校路段设计示例3

5.2.6　窄路肩路段

1　设计要点

（1）对于农村公路土路肩较窄的路段，当根据路段分类和判别指标判断不需要设置护栏时，结合线形条件及路侧条件，采用完善警告标志、路面标线，设置线形诱导设施，提升视距等措施，配合必要的速度控制措施。

（2）当根据路段分类和判别指标判断需要设置护栏时，若路侧没有足够的空间设置有效的防护设施，或防护设施的基础无法生根，可设置路基协同式混凝土护栏，解决护栏基础生根问题，增强护栏基础稳定性，实现长期有效的路侧安全防护。

（3）路基协同式混凝土护栏防护等级原则上不低于一（C）级，根据相关规范及本指南要求，需要提高防护等级的，可结合路侧危险程度路段交通量、交通组成、历史事故情况等选取适当的防护等级。

2　设计示例

示例5.2-19：某三级公路，设计速度为40km/h，路侧为临水路段。结合事故严重程度及中大型车比例，路段分类为Y1类。

主要处置措施：施划车行道边缘线及对向车行道分界线，小半径曲线外侧的窄路肩路段设置路基协同式混凝土护栏，见图5.2-19。

图5.2-19　窄路肩路段护栏设计示例

5.2.7 窄桥路段

1 设计要点

(1)农村公路窄桥路段应根据现行《公路交通安全设施设计规范》(JTG D81)的要求,结合车辆驶出桥外可能造成的事故严重程度,设计相应防护等级的护栏,并综合考虑施工工艺及经济性选取合适的护栏形式。既有桥梁护栏依据《提升公路桥梁安全防护能力专项行动技术指南》进行评估并提升改造。

(2)在进入窄桥路段之前,应设置警告标志提醒前方道路条件的变化。

(3)窄桥路段护栏设计应结合桥面板的厚度、桥侧路缘石的宽度与高度等因素来考虑护栏基础与桥面板连接的问题,对桥面板承载力进行验算;在保证护栏基础与桥面板连接可靠性的同时,避免设置护栏对桥梁结构产生破坏。

(4)窄桥路段桥面宽度有限,护栏设计应充分考虑护栏基础形式对桥面空间的占用,尽可能减少由于设置护栏对桥面行车造成的影响。

(5)窄桥路段设计的护栏形式应考虑车辆碰撞护栏时的最大动态变形量,避免由于护栏变形量过大致使车轮卡入护栏或车辆侧倾坠桥。

(6)桥梁护栏与相邻路基护栏进行过渡处理,相邻路基段不设置护栏的,应对桥梁护栏端部进行处理。

(7)对于汛期有泄水功能的桥梁,应考虑桥梁护栏结构形式对排水及树枝等漂浮物的影响,选用通透结构的护栏形式,防止水中漂浮物的冲击对护栏及桥梁结构产生破坏。

(8)窄桥路段桥梁护栏防护等级原则上不低于二(B)级,根据相关规范要求需要提高防护等级的,可结合桥侧危险程度、路段交通量、交通组成、历史事故情况等选取适当的防护等级。

(9)窄桥路段除考虑桥梁护栏的初期建设成本外,还应考虑投入使用后的养护成本,包括常规养护、事故养护、材料储备和养护便利性等。

根据窄桥路段实际情况,参照表5.2-7合理选择其中一项或多项处置措施。

农村公路窄桥路段处置措施表 表5.2-7

风险因素识别	可选处置措施	适用条件
进入窄桥路段之前	(1)设置窄桥警告标志、限速标志	全部适用
	(2)桥梁窄于路基段且宽度小于6m时,桥梁及两端渐变段外大于160m范围设置黄色虚实线	三级公路、双车道四级公路
	(3)与桥梁相邻的路基段设置示警桩、示警墩等线形诱导设施或路侧护栏	视路侧危险程度,参照临水临崖及其他路侧险要路段
窄桥路段	(1)设置轻型镂空美观桥梁护栏	桥梁翼板+桥面铺装层厚度不小于20cm
	(2)设置外挂式桥梁护栏	桥梁翼板厚度不小于20cm
	(3)设置梁柱式小型桥梁护栏	桥梁翼板厚度不小于20cm,有泄洪需求或对通透性要求较高时

续上表

风险因素识别	可选处置措施	适 用 条 件
窄桥路段	(4)设置梁柱式桥梁护栏	桥梁翼板厚度不小于30cm,有泄洪需求或对通透性要求较高时
	(5)设置桥梁护栏与相邻路基护栏的过渡段	有路基护栏时
	(6)对桥梁护栏端部进行外展处理	无路基护栏,且路侧有条件外展时
	(7)对桥梁护栏端部进行警示处理	无路基护栏,且路侧无条件外展时

注:窄桥路段对于桥梁翼板厚度不满足上表的情况,桥梁护栏设计方案视桥梁等级而定[根据现行《公路桥梁技术状况评定标准》(JTG/T H21)总体技术状况评定等级]。3类桥可用钢板或混凝土加强翼板后按本表实施;4、5类桥梁建议防护设施结合桥梁主体结构加固工程同步完善。

2 设计示例

示例5.2-20:某四级公路窄桥路段,桥侧有混凝土路缘石,路缘石上设置有示警桩。

主要处置措施:拆除原示警桩及路缘石,露出桥梁翼板。在桥梁翼板上植入钢筋,上部设置桥梁混凝土护栏。新型桥梁混凝土护栏底宽30cm,顶宽17cm,护栏顶面至桥面高度为90cm,见图5.2-20。

a)窄桥路段桥梁防护设施现状

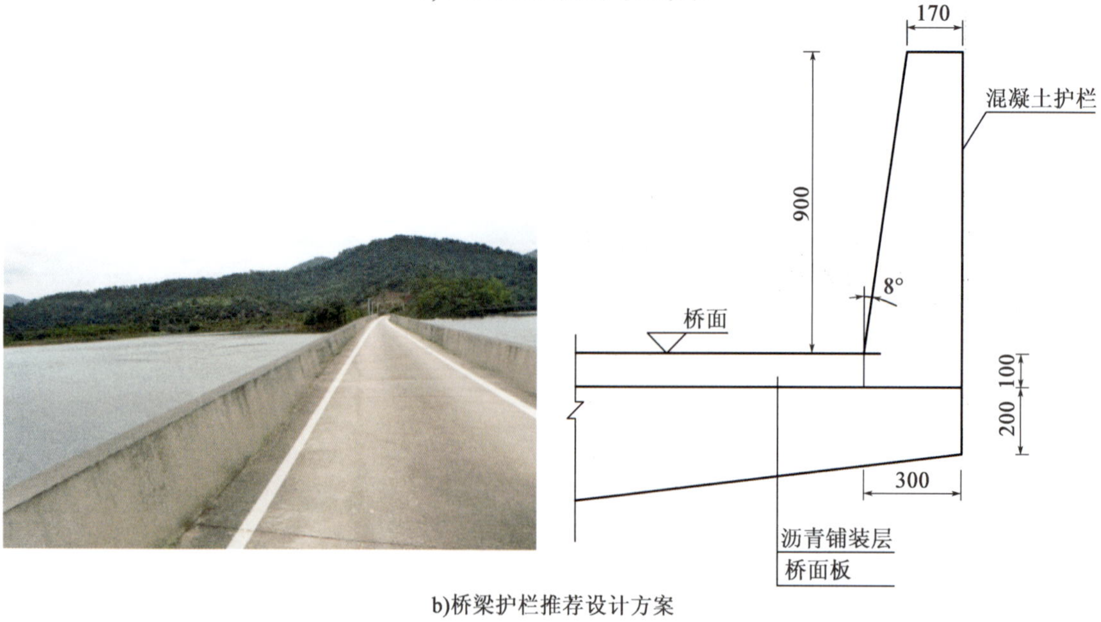

b)桥梁护栏推荐设计方案

图5.2-20 窄桥路段桥梁护栏设计示例1(尺寸单位:mm)

示例5.2-21：某四级公路窄桥路段，未设置桥梁护栏，桥侧有路缘石，宽约20cm，桥面板厚度约40cm。

主要处置措施：拆除原桥梁栏杆及路缘石(若有)，设置外挂式桥梁护栏。外挂式桥梁护栏的H型钢立柱通过抱箍及侧向水平螺栓与桥梁翼板相连接，护栏立柱不侵占桥面宽度。横梁采用波形梁板，通过托架与立柱连接，见图5.2-21。

a)窄桥路段桥梁防护设施现状

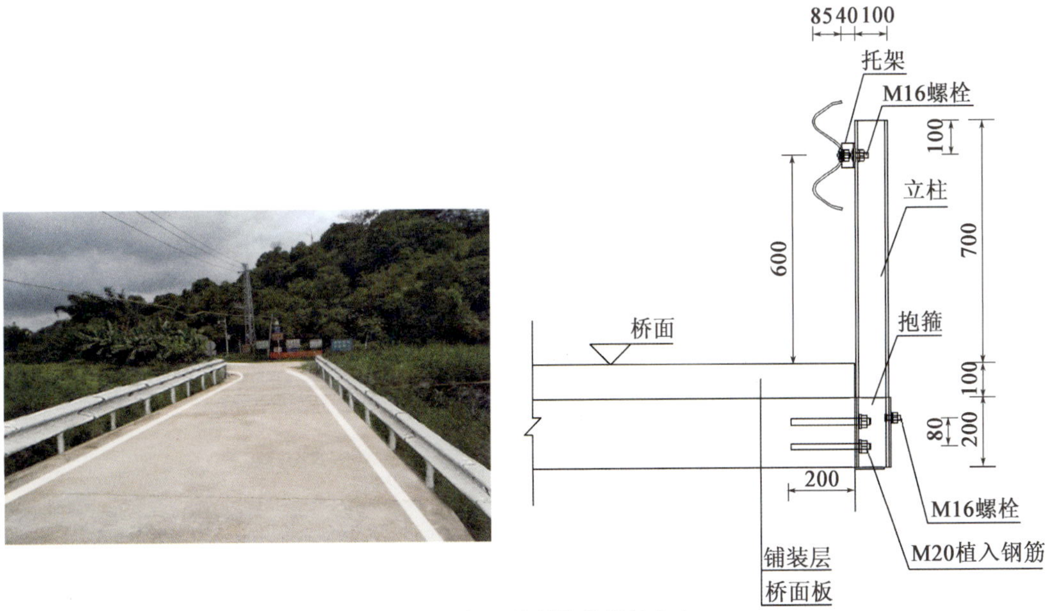

b)桥梁护栏推荐设计方案

图5.2-21　窄桥路段桥梁护栏设计示例2(尺寸单位：mm)

示例5.2-22：某四级公路窄桥路段，桥梁功能为漫水桥，桥面板厚度约40cm。

主要处置措施：依据现行《小交通量农村公路工程设计规范》(JTG/T 3311)，漫水桥应设置示警桩和水位标尺；漫水桥设置护栏时应选用水阻较小的护栏形式，例如设置外挂式基础的梁柱式桥梁护栏，见图5.2-22。

a)窄桥路段桥梁现状

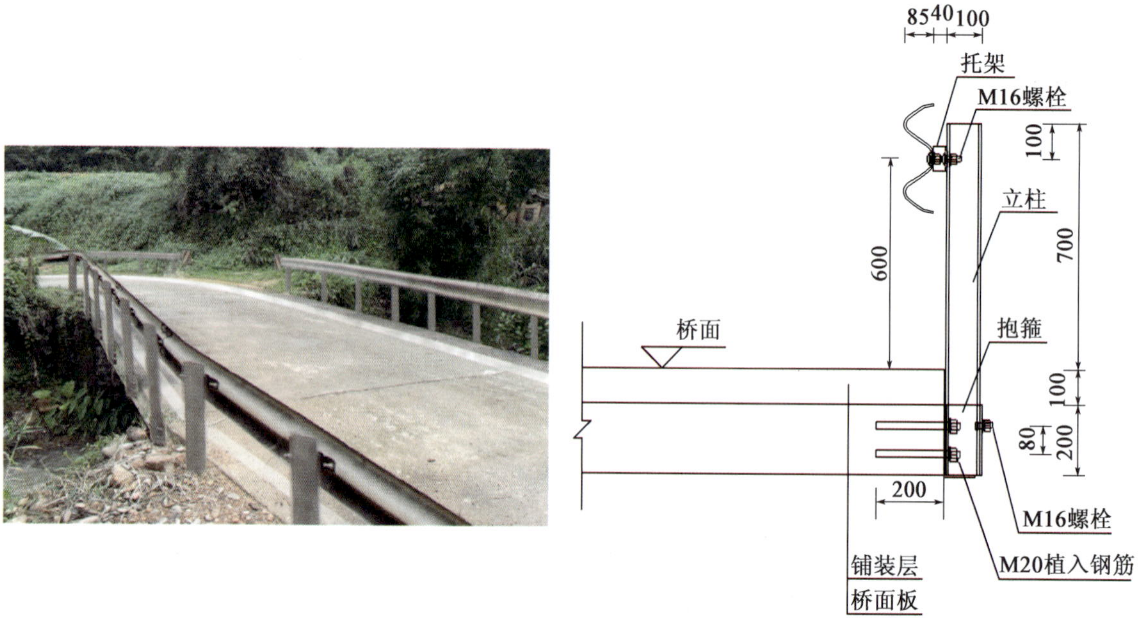

b)桥梁护栏推荐设计方案

图5.2-22　窄桥路段桥梁护栏设计示例3(尺寸单位:mm)

5.3　平面交叉处置方案设计

1　判别指标

农村公路平面交叉路段的风险因素主要有两类：一是视距不足，即在通视三角区范围内，驾驶员视线被房屋、山体、树木或其他障碍物遮挡，无法看到交叉点和相交道路上的行车情况，易发生车辆对撞或碰撞行人等事故；二是线形不良，即交叉角过小、平面交叉位于小半径曲线路段、平面交叉位于竖曲线顶部或被交道路以较大的纵坡与主线交叉，导致主线驾驶员难以提前发现平面交叉的存在，也不能观察到相交道路的车辆情况。

农村公路平面交叉路段具有下列情形之一时，需进行处置：

（1）交叉角度小于45°。

（2）平面交叉渠化设计范围内（或距离交叉点50m范围内）纵坡不满足表5.3-1条件。

平面交叉点最大纵坡表 表5.3-1

设计速度(km/h)	40	30	20	15
最大坡度(%)	4	4.5	5.5	6

（3）平面交叉渠化设计范围内（或距离交叉点50m范围内）存在超高值大于3%的曲线及其对应的缓和曲线。

（4）平面交叉视距不能满足控制方式的要求，或在支路距离主路路面边缘4.5m位置不能观察到主线停车视距范围内车辆行驶情况。

2　设计要点

（1）农村公路平交路口应明确路权问题，以完善标志、标线等安全设施为主要措施。

（2）农村公路宜按照一组减速标线、一组停车让行标志、一组注意村庄警告标志、一组带黄闪警示灯的道口标柱、一组反光道钉和一段良好的停车视距等“六个一”标准，设置“平安村口”标准化方案。

（3）三级农村公路交通量较大时，平面交叉应进行渠化设计，并设置渠化标线，有条件时宜设置渠化岛；四级公路的平面交叉宜进行渠化设计。渠化设计应根据交叉形式、交通管理方式以及转向交通量、设计速度等因素，采用加铺转角、加宽路口、设置交通岛等方式。

（4）通视三角区内存在树木、房屋、土丘、山体及广告牌等遮挡视线时，依据“清、移、疏、防”四个原则进行改善。

（5）较小平面交叉（支路口）两侧设置道口标柱。

（6）事故多发的支路口可设置附带太阳能黄闪灯的道口标柱。

根据平面交叉路段实际情况，参照表5.3-2合理选择一项或多项处置措施。

平面交叉路段处置措施表 表5.3-2

风险因素识别	可选处置措施	适 用 条 件
平交路段线形不良或平交畸形	（1）设置前方平面交叉、支路等警告标志	全部适用
	（2）进行渠化改造	三级公路交通量较大时
	（3）纵坡坡度不满足条件时，降低平交范围内公路过大纵坡	有条件时
	（4）适当封闭畸形支路口后改线在平交范围外接入	事故多发时
	（5）交叉角度小于45°时，对次要公路进行局部改线，扭正小角度斜交支路	有条件时

续上表

风险因素识别	可选处置措施	适用条件
平交路段线形不良或平交畸形	(6)设置交叉单点建议限速	事故多发时
	(7)设置彩色防滑路面	三级公路交通量较大时
未明确路权	(1)主路设置警示设施及警告标志,支路设置停车让行或减速让行标志及配套标线等路权分配设施,明确优先权	全部适用
	(2)设置完善的渠化标线,设置导向箭头、导向车道线等	三级公路交通量较大时
	(3)支路口设置块石路面或减速丘,配套设置减速丘警告标志及路面标线	村镇及学校路段平面交叉
	(4)支路口两侧设置道口标柱	全部适用
视距不良	(1)设置警示设施及警告标志	结合线形条件需要时
	(2)弯道内侧山体开挖视距平台	有条件时
	(3)设置凸面镜	全部适用

3　设计示例

示例5.3-1:某四级公路下坡路段与三级公路平交,T形平面交叉路段。

主要处置措施:在三级公路上设置"交叉路口"警告标志;在四级公路上设置减速标线,对车辆速度进行控制;平面交叉前方设置"停车让行"禁令标志,配套施划"停车让行"路面标线及文字,设置"慢行"警告标志;在交叉路口设置道口标柱,提醒主线车辆注意道路条件变化,见图5.3-1。

图5.3-1　平面交叉路段设计示例

5.4 事故多发路段

1 设计要点

(1)驶出路外事故多发路段,包括车辆驶出路外坠崖、坠河、坠桥、碰撞路侧障碍物、建筑物、构造物或碰撞非机动车及行人,应结合事故原因分析,完善警告标志,加强视线诱导,必要时设置路侧安全防护设施。

(2)对撞事故多发路段,包括车辆超车时与对向车道车辆发生迎面对撞造成严重伤亡和损失的交通事故多发路段,或是平面交叉路段发生车辆侧向碰撞,应结合事故原因分析,完善警告标志,采取必要的限速措施,并加强视线诱导,提升视距。

事故多发路段应结合具体事故类型分析事故成因,参照表5.4-1有针对性地采取处置措施。

农村公路事故多发路段处置措施表 表5.4-1

风险因素识别	可选处置措施	适用条件
驶出路外事故多发路段	(1)设置事故多发警告标志、限速标志	全部适用
	(2)设置线形诱导标、轮廓标,施划车行道边缘线	结合线形条件需要时
	(3)设置路侧护栏	视路侧危险程度,参照临水临崖及其他路侧险要路段
	(4)依据路侧空间情况,可在路侧设置人行道,人行道与车行道之间应采用路缘石分隔,并高出路面10~20cm	碰撞路侧行人或非机动车事故多发时
	(5)行人密集路段设置人行横道线,配套设置人行横道标志和路面标线	碰撞过路行人或非机动车事故多发时
对撞事故多发路段	(1)设置事故易发路段警告标志、限速标志	全部适用
	(2)设置彩色防滑路面	三级公路、双车道四级公路,年平均日交通量大于2000辆小客车
	(3)设置信号控制灯	交通量大的平面交叉路段
	(4)改善视距	视距不良时
	(5)优化线形指标	有必要时

2 设计示例

示例5.4-1:某三级公路事故多发路段,路段风险特征为急弯、视距不良及路侧险要。事故类型多为车辆驶出路外。结合中大型车比例,路段分类为Y1类。

主要处置措施：在事故多发路段设置限速标志、“事故易发路段”警告标志及凸面镜；路侧边坡高度大于30m的路段设置混凝土护栏并涂刷黄黑反光漆，混凝土护栏与相邻波形梁护栏进行过渡处理，见图5.4-1。

图5.4-1 事故多发路段设计示例

5.5 通行客运班车、校车路段

1 设计要点

(1)结合线路的路网风险特征及历史事故数据，采取较为严格的防控措施体系。

(2)主动引导设施与被动防护设施同步实施，结合线形及道路风险特征，有针对性地设置安全防护设施。

(3)重点加强临水临崖、路侧险要、急弯陡坡、事故多发等路段的安全防护。

根据通行客运班车、校车路段实际情况，参照表5.5-1合理选择一项或多项处置措施。

农村公路校车路段处置措施表 表5.5-1

风险因素识别	可选处置措施	适 用 条 件
通行客运班车、校车路段	(1)设置注意儿童标志、限速标志	全部适用
	(2)设置振动标线、块石路面等物理减速设施	路段起始端以及结合线形条件需要时(如下坡、视距不良等路段)
	(3)设置线形诱导标、轮廓标，施划车行道边缘线	结合线形条件需要时
	(4)设置路侧护栏	视路侧危险程度，参照临水临崖及其他路侧险要路段
	(5)设置人行横道线	学生集中穿越公路的地方

2　设计示例

示例 5.5-1：某四级公路校车通行路段。

主要处置措施：在四级公路上设置限速标志及“注意儿童”警告标志；路面设置减速标线，对车辆速度进行控制，见图 5.5-1。

a)处置前　　　　b)处置后

图 5.5-1　途经校车路段设计示例

6 典型安全设施设计

6.1 一般规定

6.1.1 农村公路交通安全设施主要包括交通标志、交通标线、护栏、视线诱导设施和其他交通安全设施等。

6.1.2 农村公路交通安全设施建设规模和标准应在交通安全综合分析的基础上确定,优先设置主动引导设施,根据需要设置被动防护设施。

6.1.3 农村公路交通安全设施的设计应因地制宜,整合利用路侧树木带、竹林、碎石土堆、浆砌片石防护墙等,作为主动引导措施,灵活采用限速标志、路侧振动标线、警告标志等交通安全设施,起到主动预防、诱导、警示作用。

6.1.4 确需设置被动防护设施的路段,护栏防护等级的选取应满足现行国家、行业相关标准规范及交通运输部《公路安全生命防护工程实施技术指南(试行)》(交办公路〔2015〕26 号)相关要求。小交通量农村公路的设施设置还应满足现行《小交通量农村公路工程技术标准》(JTG 2111)和《小交通量农村公路工程设计规范》(JTG/T 3311)的相关要求。

6.1.5 交通量较小的农村公路安全防护设施设计,应结合历史事故情况、路侧危险程度、沿线经济发展水平选取合理的防护等级和设施形式,适度控制建设成本,避免过度设计。

6.1.6 各类交通安全设施应按需设置、互为补充。

6.1.7 应根据需要设置速度控制设施。

6.1.8 交通标志、护栏、视线诱导设施等不得侵入公路建筑限界。

6.2 交通标志

6.2.1 农村公路交通标志设置应符合下列规定:

1 交通标志应满足现行《道路交通标志和标线》(GB 5768)对标志颜色、图案和形状等的要求。

2 交通标志设置应总体布局、突出重点、合理设置。注重规范、明确、完善的交通标志系统设计,包括警告、禁令、指示、指路、旅游区标志等,发挥安全引导交通流的作用。

3 急弯、陡坡、连续长陡下坡、连续弯道、隧道等路段应根据需求设置相应的警告标志。

4　经过村镇、学校等路段，应在合适位置设置地名标志、限速标志及村庄和注意儿童标志等警告标志。

5　警告标志可与辅助标志组合使用。限速标志应按照现行《公路限速标志设计规范》(JTG/T 3381-02)根据不同路段的通行能力、交通组成、车辆的运行速度等分段进行设置。

6　桥梁宜在桥头两端适当位置根据桥梁荷载设置限制质量和限制轴重标志。

7　四级及以下公路与三级及以上公路交叉的非灯控平面交叉口，应在四级及以下公路上设置停车让行标志。

8　交通标志设置前置距离等应满足现行《道路交通标志和标线》(GB 5768)的要求。

9　在一根标志立柱上并设多个交通标志时，应按禁令标志、指示标志、警告标志的顺序，自上而下、自左而右排列，最多不应超过4个。

6.2.2　交通标志结构形式及标志材料应符合下列规定：

1　交通标志支撑结构形式宜采用单柱式。

2　交通标志立柱可采用非金属材料或再生材料，如树木、竹子等。

3　交通标志板面材料可采用铝合金、钢材、合成树脂等。在满足视认性要求时，交通标志可利用路侧路堑边坡、山体岩石、木板、砖砌体、混凝土墩台等结构设置。

4　穿村镇路段可采用太阳能自发光交通标志。

6.2.3　交通标志的字高和尺寸应符合下列规定：

1　交通标志汉字字高应符合现行《道路交通标志和标线》(GB 5768)的规定，数字宜和汉字等高，字母高度宜采用汉字字高的1/2。

2　一般情况下，交通标志的尺寸应符合现行《道路交通标志和标线》(GB 5768)的规定。当采用柱式标志支撑结构设置空间受限制时，标志尺寸可采用最小值；三角形警告标志边长不应小于60cm，圆形禁令标志直径不应小于50cm，三角形禁令标志边长不应小于60cm，八角形禁令标志边长不应小于50cm，指示标志的直径(或短边边长)不应小于50cm。

6.3　交通标线

6.3.1　交通标线应满足现行《道路交通标志和标线》(GB 5768)对标线颜色、图案、尺寸和反光等级的要求。

6.3.2　农村公路车行道分界线的设置应符合下列规定：

1　三级公路与宽度不小于6m的双车道四级公路应施划对向车行道分界线。

2　农村公路应根据沿线公路条件、行车障碍物的分布、视距及双向交通量的构成等条件选择车行道分界线的类别。车行道分界线的形式及设置位置应符合现行《公路交通标志和标线设置规范》(JTG D82)要求。

6.3.3 农村公路车行道边缘线的设置应符合下列规定：

1 三级公路与双车道四级公路可施划车行道边缘线。

2 单车道四级公路隧道、窄桥、路面宽度发生变化的路段，采用本指南最小半径的平曲线段，村镇及学校等路段及其上下游30m内应施划车行道边缘线。

3 在出入口、平面交叉口及停靠站点等允许车辆跨越边缘线的地方，可设置车行道边缘虚线。

4 车行道边缘线不得侵入车行道内。

6.3.4 设置减速丘的路段应设置相应的减速丘标志和标线。

6.3.5 三级与双车道四级公路在事故多发、集镇区和学校等人群密集区，急弯、窄桥、隧道等路段前，连续长陡下坡路段及其他需要减速的路段前或路段中，宜设置减速标线。

6.3.6 三级公路在交通量大且行人密集的道路平面交叉和行人横过马路较为集中的路段，如临近学校、幼儿园、医院、养老院等路段，应施划人行横道线。

6.3.7 跨线桥墩柱立面、隧道洞口侧墙端面、限高限宽设施及其他障碍物立面上应设置立面标记。

6.3.8 隧道车行道边缘线外应设置反光突起路标。

6.3.9 交通标线应具有良好的耐久性、抗滑性和经济性，并便于施工。

6.4 防护设施

6.4.1 设计原则

1 农村公路安全防护设施设计应考虑防护设施建设及运营维护成本，整合利用农村公路既有防护设施资源，结合主动引导设施的设计，合理设置被动防护设施，互为补充、综合处置，科学完善防护设施。

2 防护设施的设计应考虑当地的养护条件、环境和气候因素。临近饮用水资源保护区的路段，防护设施的材料及施工工艺选择应考虑水资源保护的需求。

3 防护设施设计宜与路面升级改造及大中修养护计划相结合，考虑路面加铺罩面等因素对护栏等设施有效设置高度的影响。

4 防护设施结构形式宜与周围自然景观相协调。

5 护栏设计应包含护栏的端部处理，其迎交通流的护栏端头应尽量进行地锚处理，或进行外展处理并埋入山体。由于地形或空间限制，不具备地锚或外展条件的，应对护栏端头进行警示处理。

6 相邻路段不同形式护栏或不同防护等级护栏之间应设置过渡段，实现护栏强度与刚度的平顺过渡，重点加强波形梁护栏与混凝土护栏以及路基护栏与桥梁护栏之间的过渡设计。

7 护栏最小结构长度应符合相关规范要求。

8 农村公路路基路段按照本指南 4.2.5 节判定是否设置护栏，路基路段护栏防护等级不应低于一(C)级。

9 农村公路桥梁路段应设置护栏，涵洞路段按照本指南 4.3.2 节判定是否设置护栏，桥梁护栏防护等级不应低于二(B)级。

10 重点加强对临水临崖、深谷、深沟等路侧险要路段以及小半径曲线外侧、桥梁接小半径曲线、长直线尽头处的平曲线外侧、连续长陡下坡路段的下坡一侧、视距不良路段以及通行校车、班线车路段的安全防护。

6.4.2 典型防护设施

1 路基协同式混凝土护栏

(1)路基协同式混凝土护栏适用于农村公路窄路肩路段基础无法牢固生根的情况。窄路肩路段护栏形式的选取，重点考虑护栏基础生根的问题，同时还应考虑工程造价、养护成本、护栏允许变形量、路面清扫与排水以及护栏施工工艺等影响因素。路基协同式混凝土护栏的基础与混凝土路面连接，路面与护栏基础协同受力，增强护栏防护能力，减少对路肩的占用，简化混凝土护栏基础，节省建设及维修养护成本。

(2)路基协同式混凝土护栏防护等级为 C 级，包含两种结构形式。结构形式一为单坡面护栏，结构底宽 25cm，顶宽 14cm，迎撞面坡度为 9°，路面以上高度为 70cm，结构示意图见图 6.4-1。结构形式二为直墙式护栏，结构底宽与顶宽均为 20cm，迎撞面为直墙式，路面以上高度为 70cm，结构示意图见图 6.4-2。

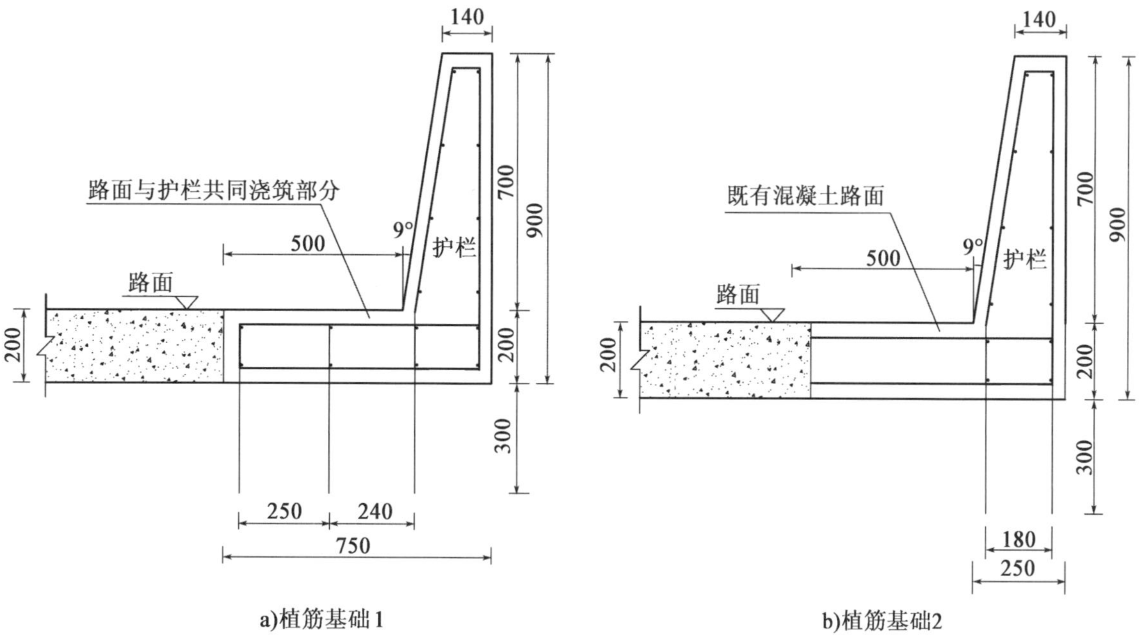

图 6.4-1

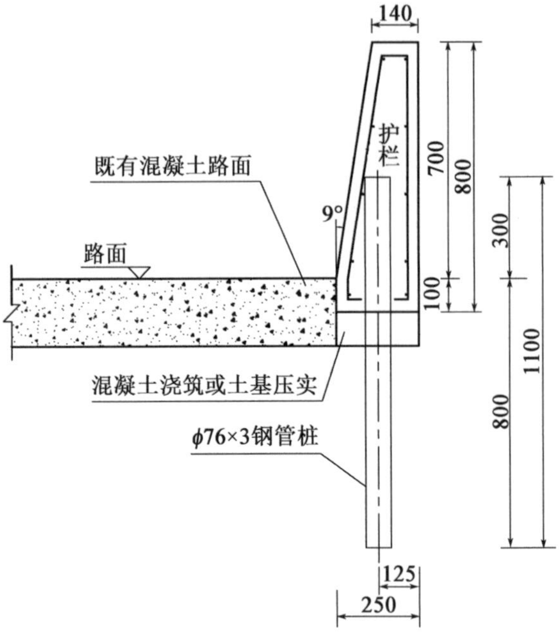

c)钢管桩基础

图 6.4-1　单坡面 C 级路基协同式混凝土护栏结构示意图(尺寸单位:mm)

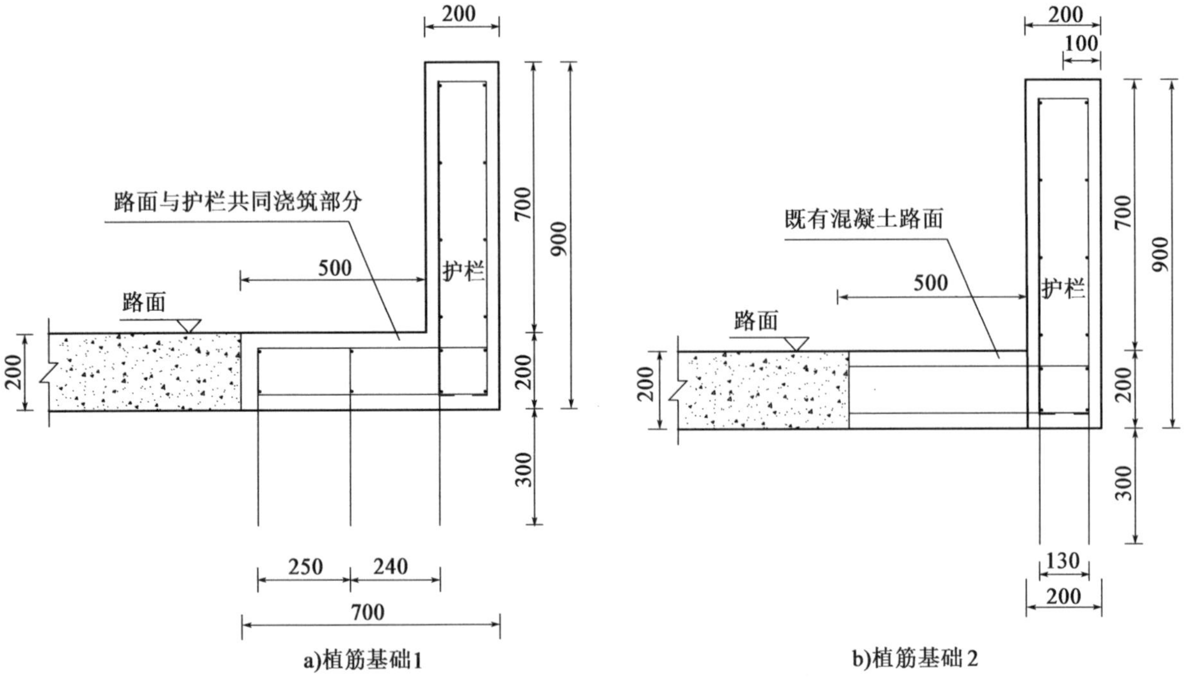

图　6.4-2

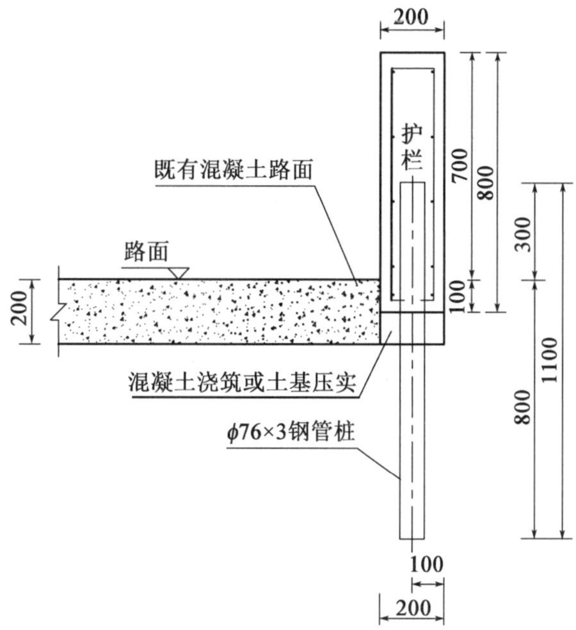

c)钢管桩基础

图 6.4-2　直墙式 C 级路基协同式混凝土护栏结构示意图(尺寸单位:mm)

对于新浇筑混凝土路面的路段,路基协同式混凝土护栏基础高度为 20cm,与混凝土路面的面层厚度保持一致,护栏基础与部分路面(宽度不小于 50cm)做成整体式,在距离护栏基础 0.5m 宽度范围内,混凝土面层内设置水平方向的钢筋,连接至护栏钢筋;设置竖直方向的钢筋植入路基,然后对路面和护栏进行整体浇筑,起到护栏基础与路面协同受力的作用,解决护栏基础生根的问题,以保证护栏的基础可靠性,确保上部护栏结构能够正常发挥其安全防护功能。也可在浇筑路面时预留孔洞,再打入钢管桩,然后施工混凝土墙体。

对于既有混凝土路面,可在水平方向上在路面以下植入钢筋,与混凝土护栏基础的钢筋相连接;可打入钢管桩,再施工混凝土护栏墙体。

护栏结构详图见附录 2.1、附录 2.2。

(3)对于新建及改建农村公路,混凝土护栏与路面同步设计、同步施工,护栏基础与道路路面同期进行浇筑;如果铺设沥青路面,混凝土护栏应与水泥稳定基层同步预留钢筋,同步施工。

(4)对于正在运营的农村公路,可结合交通流情况合理安排施工组织。对于路肩宽度大于 50cm、已有混凝土路面的,应夯实路肩路基,路面水平植入锚固钢筋,与护栏基础钢筋连接,浇筑混凝土护栏。对于路肩宽度小于 50cm、已有混凝土路面的,应夯实路肩路基,路面水平植筋锚固,与护栏钢筋连接,浇筑混凝土护栏。

(5)护栏结构可采用钢筋混凝土护栏，也可采用玻璃纤维筋混凝土护栏，或者采用混合加强筋（钢筋与玻璃纤维配合使用）混凝土护栏。路基协同式混凝土护栏设置示例见图6.4-3。

图6.4-3　路基协同式混凝土护栏设置示例

2　示警墩提升至C级护栏

(1)对于已设置示警墩的农村公路路侧风险较高的路段（图6.4-4），根据现行相关标准规范及本指南要求，确实需要设置护栏的，可因地制宜地利用现有的示警墩设施进行防护能力提升，使其达到C级防护等级，节约防护设施建设成本。

图6.4-4　急弯及路侧高填方路段设置的示警墩

(2)原高度为60cm的示警墩，通过竖直方向植入钢筋和浇筑混凝土加高至70cm。示警墩沿行车方向植入钢筋，示警墩之间的间隔部分，先布设与上述植入钢筋相连接的钢筋，再用片石及砂浆砌筑至70cm高，然后进行后抹面处理，实现护栏设置的连续性，见图6.4-5。提升后的C级护栏高度为70cm，宽度为40cm。新增的护栏部分通过植入钢筋实现与路基的连接，以保证新增部分与路基连接的可靠性。新增部分与原示警墩共同作用，实现安全防护功能。

(3)对于原高度为40cm的示警墩，参照上述方法加高至70cm，提升至C级防护等级，见图6.4-6。护栏结构详图见附录2.3。

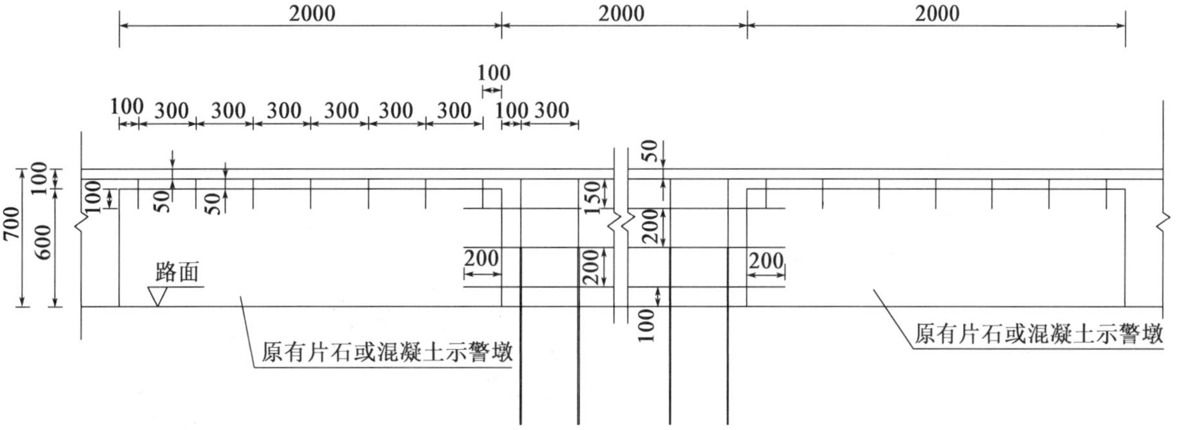

图 6.4-5　60cm 高示警墩提升至 C 级护栏结构示意图(尺寸单位:mm)

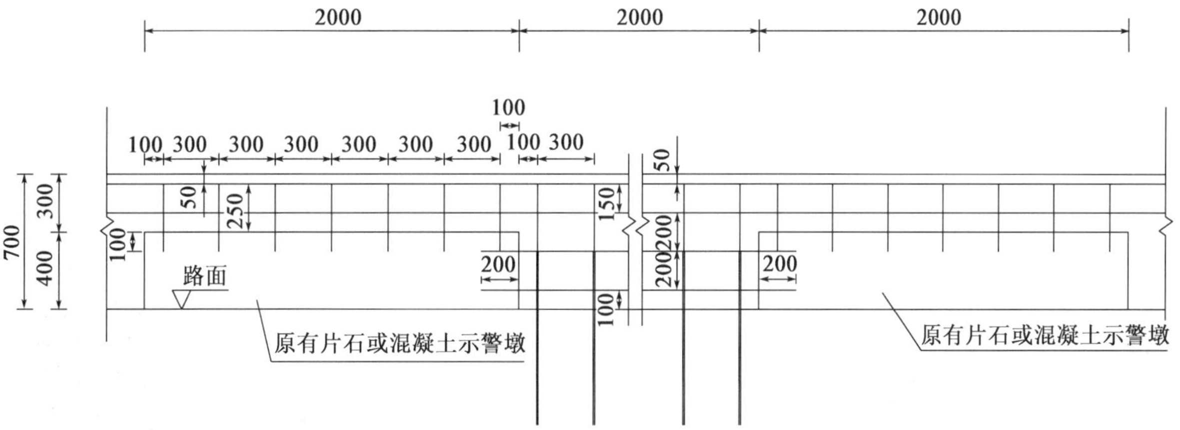

图 6.4-6　40cm 高示警墩提升至 C 级护栏结构示意图(尺寸单位:mm)

3　窄桥路段桥梁护栏

(1)窄桥路段桥梁护栏针对三、四级农村公路桥梁路段桥面宽度较窄,桥侧没有足够的空间设置常规的防护设施,或防护设施基础与桥面连接困难的情况,解决窄桥路段护栏设置及基础连接问题,在保证护栏安全防护性能的前提下,护栏不占用或少占用桥面宽度,窄桥路段护栏基础与桥面板的连接应牢固可靠。

(2)对于桥侧有路缘石或桥梁栏杆的窄桥,可设置桥梁混凝土护栏。拆除原桥梁栏杆、路缘石及其他桥侧设施,露出桥梁翼板,在桥梁翼板上用化学植筋胶植入钢筋,与上部桥梁护栏的钢筋相连接,在桥面上设置桥梁混凝土护栏。新型桥梁混凝土护栏设计防护等级为 A 级,结构形式一底宽为 30cm,顶宽为 17cm,迎撞面采用单坡面;结构形式二底宽与顶宽均为 25cm,迎撞面采用直墙式。护栏顶面至桥面高度为 90cm,如图 6.4-7、图 6.4-8所示。

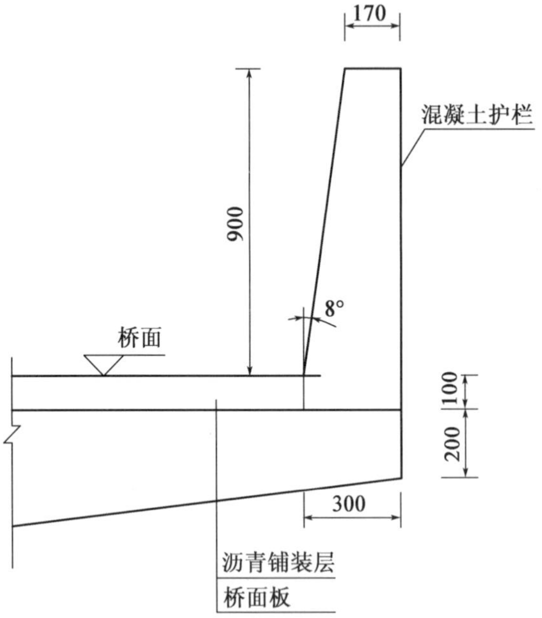

图 6.4-7 桥梁混凝土护栏结构形式一
(尺寸单位:mm)

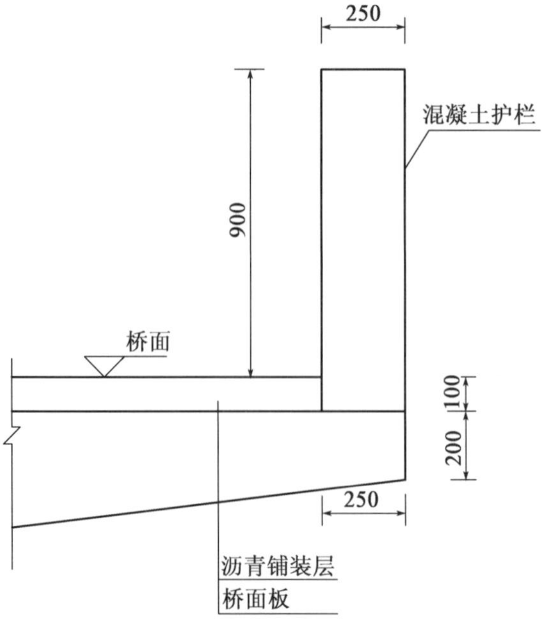

图 6.4-8 桥梁混凝土护栏结构形式二
(尺寸单位:mm)

(3)考虑护栏轻质设计,可采用镂空设计的桥梁混凝土护栏,减少桥梁护栏自重对桥梁主体结构的影响。为了增加混凝土护栏美观性,在保证护栏安全性能的前提下,可结合当地文化特征,在桥梁护栏上设置与当地自然景观相协调的镂空图案。单个镂空孔洞水平方向开孔尺寸不应大于60cm,竖直方向开孔尺寸不应大于25cm,单个镂空孔洞的面积不应大于0.15m²。孔洞可单排布设,也可上下两排布设,上排孔洞上边缘至护栏顶面的距离不应小于15cm。同一水平线上相邻两镂空孔洞的中心间距不应小于2m。每2m范围内,镂空孔洞的面积不应超过护栏面积的15%。

下列示例中,镂空设计的混凝土护栏设计防护等级为A级,结构形式底宽35cm,顶宽20.8cm,护栏顶面至桥面高度为90cm,如图6.4-9~图6.4-12所示。

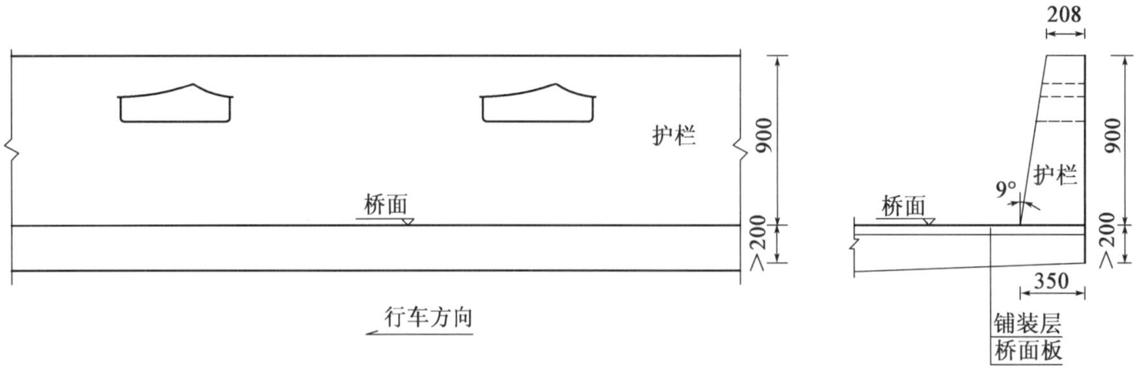

图 6.4-9 桥梁镂空混凝土护栏结构形式一(尺寸单位:mm)

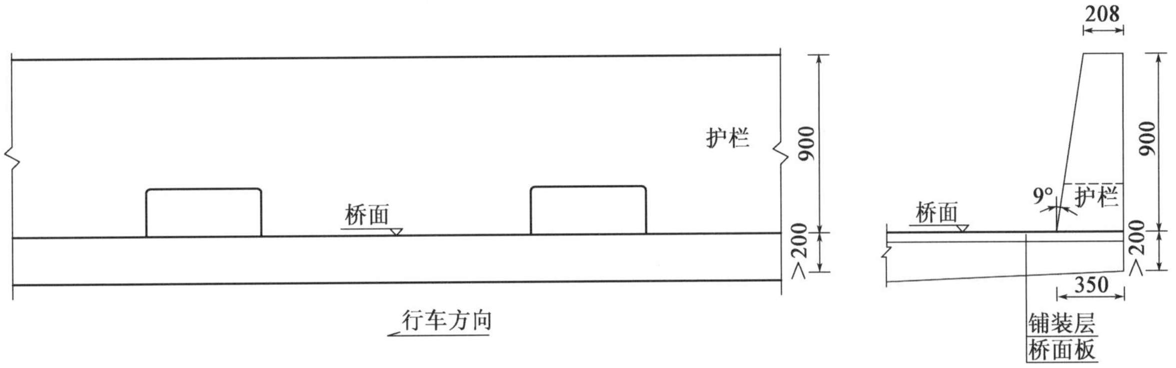

图 6.4-10　桥梁镂空混凝土护栏结构形式二(尺寸单位:mm)

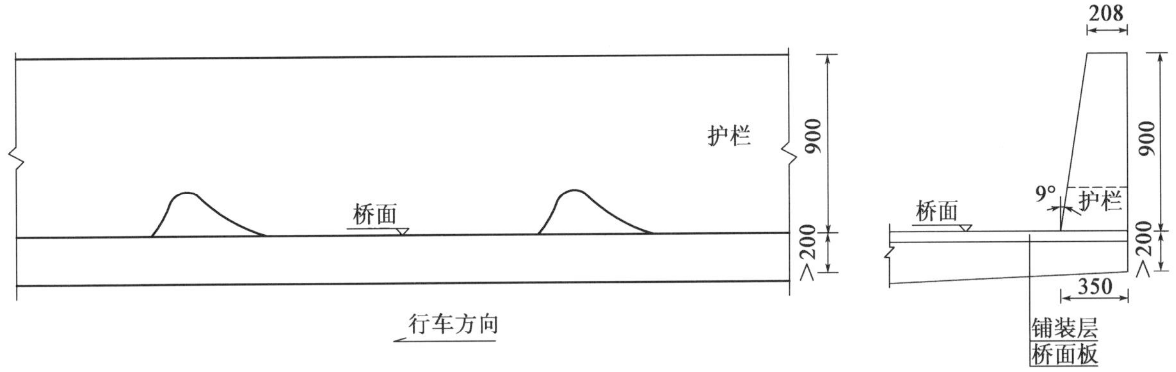

图 6.4-11　桥梁镂空混凝土护栏结构形式三(尺寸单位:mm)

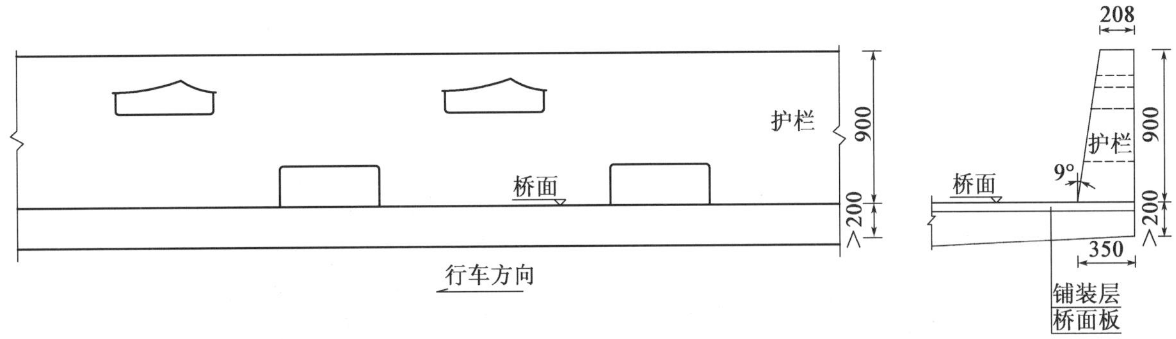

图 6.4-12　桥梁镂空混凝土护栏结构形式四(尺寸单位:mm)

(4)对于桥面宽度小于6.5m的窄桥路段,可设置外挂式桥梁护栏。拆除原桥梁栏杆及路缘石(若有),设置外挂式桥梁护栏,最大限度减少护栏对桥面的侵占。外挂式桥梁护栏由100mm×100mm×8mm×6mm的H型钢立柱、3mm厚波形梁板、托架、抱箍以及植入螺栓组成。H型钢立柱通过抱箍及侧向水平植入螺栓与桥梁翼板相连接,护栏立柱不侵占桥面宽度。波形梁板中心距桥面高度为60cm。波形梁板通过托架与立柱连接,见图6.4-13。

窄桥路段桥梁护栏结构详图见附录2.9。

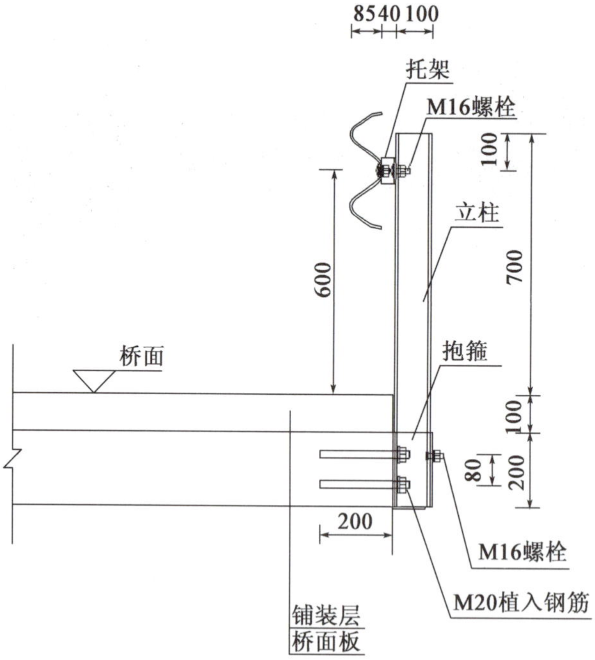

图 6.4-13　外挂式桥梁护栏结构（尺寸单位：mm）

4　护栏端头

设置护栏的路段，护栏上下游端部均应进行外展或做地锚式处理，降低车辆碰撞护栏端部的风险。

某单车道四级公路，小半径曲线外侧有高度 30m 以上的悬崖，日常通行班线车每日 6 班次，路段分类为 Y1 类，小半径曲线外侧设置了 C 级波形梁钢护栏。护栏端头进行了外展处理，并贴黄黑反光膜进行警示，设计示例见图 6.4-14。

图 6.4-14　护栏端头外展设计示例

某双车道四级公路，填方高度大于 4m 且坡底有居民房屋，失控车辆有碰撞可能性。路段分类为 Y1 类，路侧设置了 C 级波形梁钢护栏。护栏端头进行了地锚处理并进行警示提醒，设计示例见图 6.4-15。

图 6.4-15　护栏端头地锚设计示例

5　桥梁护栏及端部废旧轮胎缓冲设施

空间允许的情况下，在桥梁护栏上及桥梁端部可放置废旧轮胎，降低车辆碰撞桥梁端部或桥梁混凝护栏后的事故严重程度，设计示例见图 6.4-16。桥梁端部宜配合使用反光膜、反光漆等警示措施。

图 6.4-16　桥梁护栏及端部废旧轮胎缓冲设施设计示例

6.5　视线诱导设施

6.5.1　设计原则

1　农村公路应结合线形条件、路侧危险程度、交通运营环境和经济性等因素，合理设计轮廓标、线形诱导标、示警桩、示警墩和道口标柱等视线诱导设施。

2　农村公路土路肩宽度较充裕，且危险程度相对不高的情况下，可就地取材，利用宽路基条件，设置土堆、石堆等绿色生态诱导方式或设置石砌圬工防护墙、钢丝笼防护墙，结构示意详见附录 3。

3　充分利用路侧已具有一定种植规模和直径的树木、竹林，作为视线诱导设施，必要时可在路侧增加柔性防护网,与树林、竹林一同发挥视线诱导及辅助防护的作用。

4 周期性或长期性易发生大雾、霜冻等灾害性天气,并易引发严重交通事故的路段,宜结合线形条件设置黄色闪光灯、智能诱导灯等设施。

6.5.2 典型视线诱导设施

1 轮廓标

(1)夜间通行需求较高或视距不良路段、车道数或车道宽度有变化的路段、急弯路段及连续急弯陡坡等路段,宜设置轮廓标。

(2)轮廓标一般设置在公路的土路肩上或附着在路侧护栏、土堆、石堆、石砌防护墙等结构物上,其他未设置护栏但需设置轮廓标的路段,可设置柱式轮廓标,其中已设置示警桩、示警墩的路段除外。

(3)轮廓标宜在公路左、右侧对称设置,直线段轮廓标可按30~50m间距设置,视距不良路段可加密设置。如需在小半径曲线段通过轮廓标标识道路走向,间距宜为4m。

(4)轮廓标双面反光,且两侧反光片应为白色。轮廓标反射体应面向交通流,其表面法线应与公路中心线成0°~25°角。

(5)农村公路隧道侧壁应设置双向轮廓标,如设有检修道,宜在检修道上增设一层双向轮廓标。

(6)农村公路路侧轮廓标宜采用双面反光形式,在气候条件恶劣、线形条件差和事故多发地段应设置反光性能高的轮廓标或采用尺寸较大的反射器。

2 线形诱导标

(1)在受山体、树木或房屋等遮挡及其他使驾驶员难以明了前方线形走向,易发生交通事故的小半径弯道外侧,可视具体情况设置一定数量的线形诱导标。

(2)线形诱导标的颜色及图案应符合现行《道路交通标志和标线》(GB 5768)的相关要求。

(3)视距不良的弯道路段,需要标识公路轮廓时,宜在平曲线外侧设置线形诱导标。设置间距宜为10m,最大不应超过15m,并应保证驾驶员在曲线范围内能连续看到不少于三块诱导标。

(4)线形诱导标尺寸可用220mm×400mm,线形诱导标下缘至路面的高度宜为180~200cm。版面应垂直于驾驶员的视线。

(5)双车道公路可根据需要并排设置两个方向的线形诱导标。

3 示警桩和示警墩

(1)示警桩或示警墩不得作为防护设施使用。

(2)对于达不到护栏设置标准但存在一定危险因素的路段,可设置示警桩、示警墩,示警桩或示警墩宜设置在路肩上。

(3)示警桩、示警墩应设置基础。示警桩无法设置基础时,可采用法兰盘与路面连接。

（4）示警桩、示警墩的颜色应为黄黑相间，安装应线形顺畅。

（5）对于交通量中摩托车比例较高的农村公路，宜将现有的断开式示警墩逐步改造为连续性水泥混凝土护栏，或改造为连续式示警墩。

（6）示警墩可采用浆砌块石、片石、混凝土等材料，配合使用黄黑反光膜或涂刷黄黑反光漆，设置间距为 2m。

（7）示警桩可采用非金属材料或再生材料，可就地取材使用木制及竹制示警桩，配合涂以黄黑相间的反光漆或缠绕黄黑相间的Ⅲ类以上反光膜。直线段设置间距为 4 ~ 6m，曲线段可适当加密设置，间距为 1 ~ 3m。四级Ⅱ类公路临水及路侧险要路段示警桩设置示例如图 6.5-1 所示。

图 6.5-1　四级Ⅱ类公路临水及路侧险要路段示警桩设置示例

（8）采用竹子材料制作示警桩，竹子直径范围宜为 110 ~ 150mm，壁厚不小于 4mm，竹龄 3 ~ 5 年为宜。竹制示警桩路面以上高 80cm。依据现场施工条件，可采用钻孔埋入式基础，也可采用 30cm × 30cm × 30cm 混凝土基础，如图 6.5-2 所示。竹制示警桩上部涂黄黑相间的两种反光涂料（或贴反光膜），顶部宜进行封闭处理。

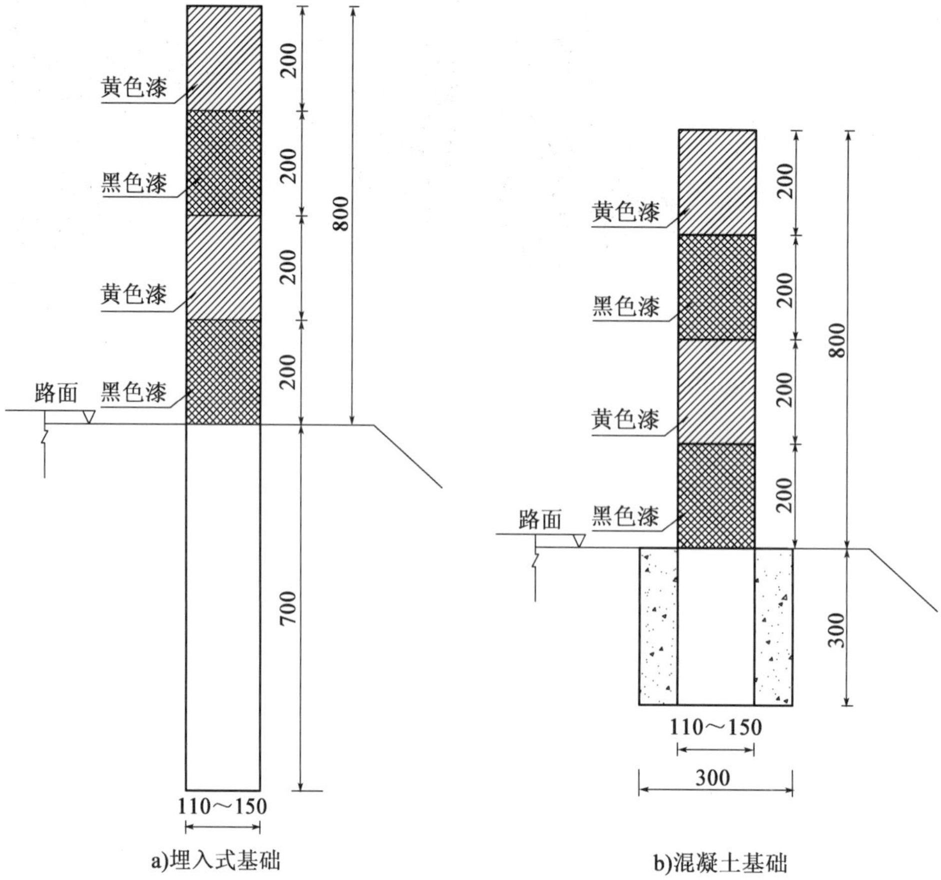

图 6.5-2　竹制示警桩结构示意图(尺寸单位:mm)

4　道口标柱

(1)未设置相应指路标志或警告标志的农村公路沿线较小的平面交叉两侧应设置道口标柱。

(2)道口标柱一般沿主线方向,埋设在距路缘石外缘 20cm 处,没有路缘石的,应埋设在距土路肩内边缘 20cm 处。设置数量为左右两侧各 2 根,间距为 2m。

(3)道口标柱上应贴红白相间的反光膜(涂刷红白相间的反光漆)或附着反射器。

(4)道口标柱可采用非金属材料或再生材料制作。

5　柔性防护网

(1)农村公路路侧危险程度未达到需要设置护栏要求的,但存在一定风险的路段,可利用合理分布的行道树或竹林,与柔性防护网结合使用,如图 6.5-3 所示。当失控车辆冲出路侧时,撞到柔性防护网上,可消减一定的碰撞能量,降低坠崖或坠河风险。柔性防护网既不影响公路原有树木形成的绿色景观,又可提升行车安全性。

(2)柔性防护网的设置条件如下:

①土路肩宽度(含 1∶3 以内的边坡)不小于 75cm。

②路侧 2m 范围内,行道树或竹林种植密集、排列规律,沿行车方向种植间距不小于 2m、连续种植长度不小于 20m、树木或竹子的直径在 10 ~ 15cm 范围内。

图 6.5-3　可设置柔性防护网的路段示意图

(3)柔性防护网的设计技术要求如下:

①柔性防护网系统参照防落石网,由钢丝绳网或环形网、固定系统(锚杆、拉锚绳、基座和支撑绳)、减压环、钢柱和缝合绳等主要部分构成。柔性防护网的结构示意如图 6.5-4 所示。

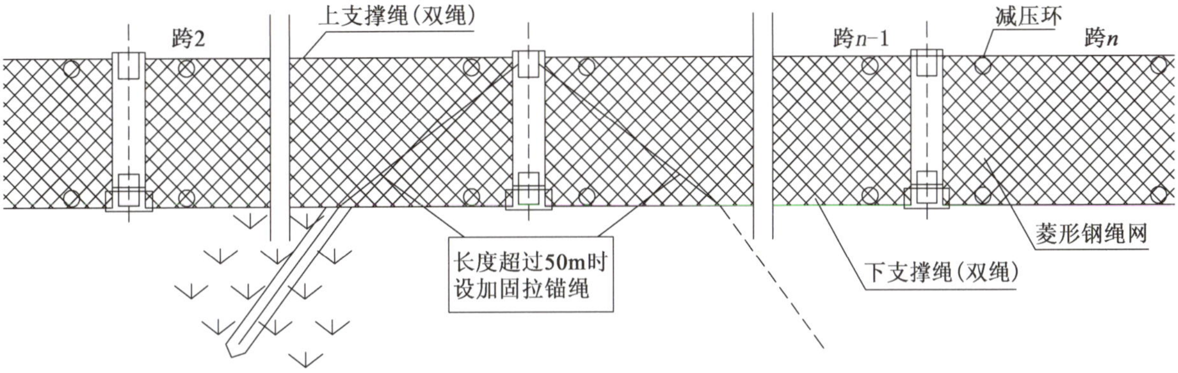

图 6.5-4　柔性防护网结构示意图

②柔性防护网的网块规格以展开张紧后的外边缘边长表示,可选择 2m × 2m、4m × 2m 的矩形网,网孔规格可选择 150mm、200mm、250mm 等规格。柔性防护网可选用型号 AX-015、RX-025 的防护网,设计防护能量分别为 150kJ、250kJ。

③柔性防护网的锚固通过钢柱、柔性锚杆、拉锚绳等构件固定在路侧边坡或土路肩上,具体锚固方法参照防落石网。柔性防护网参照示例如图 6.5-5 所示。

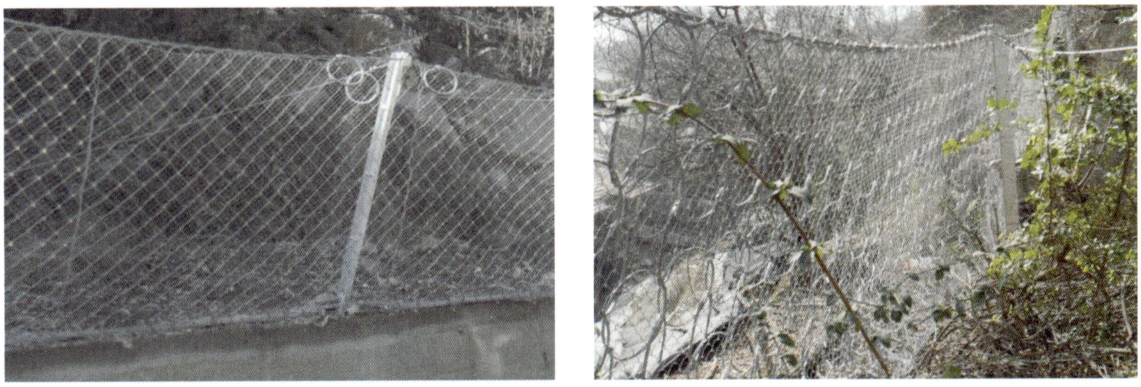

a)钢丝绳网　　b)环形网

图 6.5-5　柔性防护网参照示例

④柔性防护网的选型及安装方式应考虑结构形式、美观性、与公路周围环境的协调性、施工养护的方便性等因素。

⑤柔性防护网的设置位置在公路与路侧树木之间。设置长度宜与路侧树木、竹林的布设长度相结合,连续设置长度不应小于20m。

⑥车辆驶出路外后先接触防护网,吸收并消减一部分碰撞能量。车辆与防护网碰撞后,防护网不论断开与否,其构件都不应对驾乘人员造成伤害。

⑦所有钢构件均应按现行《公路交通工程钢构件防腐技术条件》(GB/T 18226)的规定进行防腐处理。

6　路侧林木诱导设施

(1)对于路侧危险程度相对不高的路段,在满足相关标准规范的前提下,可采用直径为10~15cm、生长比较慢的树木、竹子等作为视线诱导设施,增加道路安全水平,提升农村公路自然景观,如图6.5-6、图6.5-7所示。

图6.5-6　路侧林木作为诱导设施的示例

(2)夜间通行的农村公路路段,路侧林木宜增设反光设施,例如贴反光膜等,以提高夜间线形视线诱导效果。

图 6.5-7　可用于做视线诱导设施的竹子直径示意图

7　土堆

(1)土堆可设置于小半径曲线外侧,作为视线诱导设施,能消减部分碰撞能量,降低车辆冲出路侧的概率和事故严重程度,如图 6.5-8 所示。

图 6.5-8　急弯及下坡路段路侧设置土堆示例

(2)土堆的设置底面宽度不小于 70cm,设置高度不小于 90cm,设置长度应考虑需诱导或防护的范围,最小长度不小于 15m。土堆迎向车行道的一侧,坡面坡度不小于 60°,土的压实度不小于 90% 。

(3)可在土堆上种植根系发达的绿色植被增加其强度,并提升其景观效果,绿色植被不得影响视距和通视三角区。

8　石堆

(1)石堆可设置于小半径曲线外侧,作为视线诱导设施,能消减部分碰撞能量,降低车辆冲出路侧的概率和事故严重程度,如图6.5-9所示。

图6.5-9　急弯路段外侧设置石堆示例

(2)石堆的设置宽度不小于60cm,设置高度不小于80cm,设置长度应考虑需诱导或防护的范围,最小长度不小于15m。石堆迎向车行道的一侧,坡面坡度不小于60°。

9　石砌防护墙

(1)石砌防护墙可设置于周边范围内石材丰富的农村公路路段,当路侧危险程度相对较低,但存在一定事故风险时,可采用石砌防护墙进行视线诱导,并起到一定的防护作用,如图6.5-10～图6.5-12所示。

(2)石砌防护墙的材料可用毛石或片石,使用强度等级不小于M15的砂浆砌筑。

(3)石砌防护墙的设置宽度不小于50cm,设置高度不小于60cm,设置长度应考虑需诱导或防护的范围,最小长度不小于15m。

(4)石砌防护墙的结构形式宜与自然景观相协调。

(5)夜间通行的农村公路路段,宜增设反光设施,例如涂反光漆或贴反光膜等。

图 6.5-10　路侧高边坡设置石砌防护墙示例

图 6.5-11　路侧临水路段设置石砌防护墙示例

图 6.5-12　路侧有民房路段设置石砌防护墙示例

10　钢丝笼碎石消能防护墙

（1）钢丝笼碎石消能防护墙可设置于周边范围内石材丰富的农村公路路段，当路肩土基条件较差，例如土压实度不足或是采用浆砌片石路肩，不满足设置常规护栏基础的要求时，可采用钢丝笼碎石消能防护墙进行视线诱导，并起到一定的消减碰撞能量作用，如图6.5-13所示。

图6.5-13　路侧高边坡设置钢丝笼碎石消能防护墙示例

（2）钢丝笼碎石消能防护墙的内部填充材料可用碎石或片石，外部使用直径不小于8mm的钢丝编制成钢丝笼，将石材包裹于内，通过防护墙的自重来吸收车辆的部分碰撞能量。碎石经钢丝笼外网的固定而形成整体，共同发挥吸能防护作用。钢丝笼的孔径不应大于碎石的最小直径。

（3）钢丝笼碎石消能防护墙的设置宽度不小于50cm，设置高度不小于60cm，设置长度应考虑需诱导或防护的范围，最小长度不小于15m。

6.6　减速丘

6.6.1　减速丘可用于农村公路进入城镇、村庄的路段，或者农村公路与干线公路平交时，设置于驶入平面交叉的支路上。

6.6.2　减速丘的设置应符合下列规定：

1　在支路与干线公路的平面交叉前，宜设置减速丘，以控制汇入干线公路的车辆速度。

2　在进入村镇前的路段、学校前的路段、进入平面交叉的路段，可设置减速丘，以限制过往车辆车速。

3　减速丘应在路面全幅设置，并应设置相应的减速丘标志、标线、建议速度或限制速度。

4　减速丘的设置可结合交通量、交通组成及路段历史事故数据，充分考虑减速丘对途经村镇的摩托车等车辆的影响。

6.6.3　减速丘的构造应符合下列规定：

1　大型减速丘的宽度宜采用6600mm，中心高宜采用76mm，如图6.6-1所示。减速丘的纵向边缘应逐渐降低至与路肩齐平，如图 6.6-2 所示。村镇路段大型减速丘配合立体路面标记设置示例如图 6.6-3 所示。

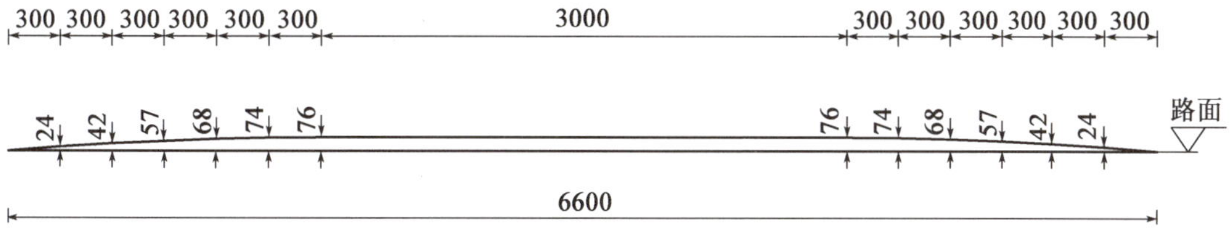

图 6.6-1　减速丘断面示意图（尺寸单位：mm）

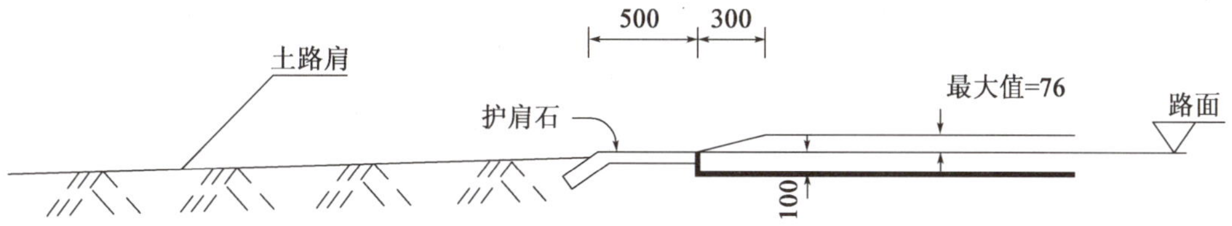

图 6.6-2　减速丘纵向边缘处理示意图（尺寸单位：mm）

图 6.6-3　村镇路段大型减速丘配合立体路面标记设置示例

2　小型减速丘可采用预制型和现浇型，如图 6.6-4、图 6.6-5 所示。预制型减速丘宽度宜为 300 ~ 500mm，中心高度宜为 30 ~ 50mm；现浇型可采用 C20 以上混凝土现场浇制，宽度宜为 500 ~ 600mm，中心高度宜为 50 ~ 60mm。

图 6.6-4　平交路口小型减速丘设置示例

图 6.6-5　村镇路段小型减速丘设置示例

6.7　块石路面

6.7.1　在农村公路行人密集的城镇、村庄路段、途经学校路段以及小半径曲线等路段可设置块石路面，以限制过往车辆车速，如图 6.7-1 所示。

图 6.7-1　块石路面设置示例

6.7.2　块石路面沿横断方向应在路面全幅设置，沿公路纵向可在需要设置的长度范围内连续或间断设置。

6.7.3　块石路面由天然块石、粗琢块石、预制水泥混凝土块等材料镶嵌于道路表面而成。块石或其他镶嵌材料以高出路面 1 ~ 1.5cm 为宜。镶嵌材料应圆滑无尖角，防止割伤车辆轮胎。

6.7.4 块石路面镶嵌材料应铺砌牢固,可直接铺砌在厚 10～20cm 的砂或水泥上,也可用碎石、级配砾石作基层,必要时采用 C20 混凝土基层。

6.8 路宅分离、路田分离

6.8.1 农村公路路线经过村镇、农田的路段,原则上实施路宅分离、路田分离,如图 6.8-1、图 6.8-2 所示。

图 6.8-1 路宅分离设置示例

图 6.8-2

图 6.8-2　路田分离设置示例

6.8.2　结合美丽乡村建设理念,因地制宜地设置路宅分离、路田分离设施。可采用植树、栅栏、篱笆、护栏、花坛、石砌墙、绿化带、沟渠等多样化分离设施或分离形式。

6.8.3　路宅分离、路田分离设施不得侵入公路建筑限界。

6.8.4　路宅分离、路田分离设施不得影响公路上车辆正常行驶。

6.8.5　护栏、花坛、石砌墙等路宅分离、路田分离设施的起始端宜进行必要的警示处理。

6.9　错车道

6.9.1　农村公路年平均日交通量小于 400 辆小客车、单车道路基宽度小于 4.5m 时,可采用设置错车道的方式,解决由于单车道错车问题导致的农村公路通行能力不足以及车辆剐蹭事故多发的问题。

6.9.2　错车道的设置位置应因地制宜,错车道前后应避免急弯、陡坡等视距不良位置。

6.9.3　一般情况下,单车道四级公路错车道路基宽度应不小于 6.5m,车行道宽度应不小于 6m,错车道有效长度应不小于 10m, 每端错车道渐变段长度应不小于 9m。对于有大型车辆通行的公路,错车道有效长度应不小于 2 倍主要车型长度,每端渐变段长度应不小于行驶车辆中的最大车长。错车道设置示意图如图 6.9-1、图 6.9-2 所示。

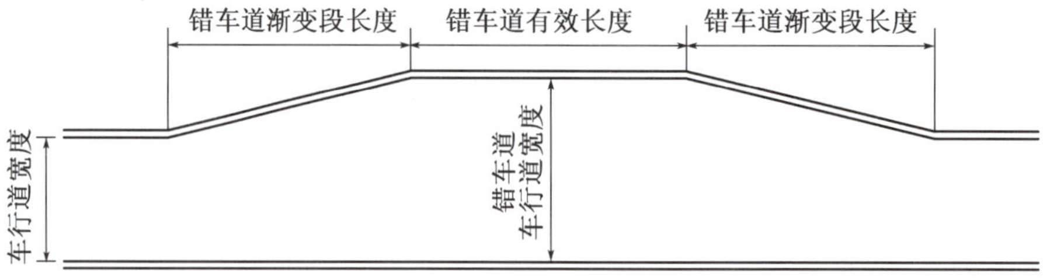

图 6.9-1　错车道布设示意图

图 6.9-2　农村公路错车道设置示例

6.9.4　应结合地形、道路线形、视距及交通量等情况，在适当的位置设置错车道，错车道宜保持通视，农村公路错车道的设置间距不宜大于 500m，小交通量农村公路每公里设置不宜少于 3 处。对于不通视路段，设置间距不宜大于 200m。

6.10　停车区及观景台

6.10.1　农村公路停车区及观景台宜结合现有公路线形、路侧空间及路域自然环境，选择合理的设置位置。停车区及观景台宜设置在视距、线形良好的路段，对主线交通无不良影响，便于车辆驶入和驶出。场内的休息、观景、停车等设施合理布局，确保场区整洁有序。鼓励结合农村公路沿线自然景观建设观景型停车区及观景台。停车区设置如图 6.10-1所示。

6.10.2　停车区及观景台相关标志和标线应符合现行《道路交通标志和标线》（GB 5768）相关部分的规定。主线上标志尺寸应按照主线设计速度确定，场内标志尺寸宜按照设计速度 15km/h 选取。停车区及观景台预告标志悬挂于停车区前后 300～500m 公路范围内。

6.10.3　停车区及观景台公共厕所宜设置在便于通风和采光的位置，路面采用防滑效果好的材料。在偏远地区没有水、电条件时，可选用旱厕。

6.10.4　室外休息设施可采用长凳、凉亭、长廊、步行道、花园、眺望台等形式，鼓励结合周边自然景观和场区绿化设置。

图 6.10-1　农村公路停车区设置示例

6.11　边沟

6.11.1　农村公路边沟可采用图 6.11-1 所示的浅碟形、三角形、矩形等横断面形式；地形平缓的低填浅挖路段边沟宜采用浅碟形、三角形等形式。

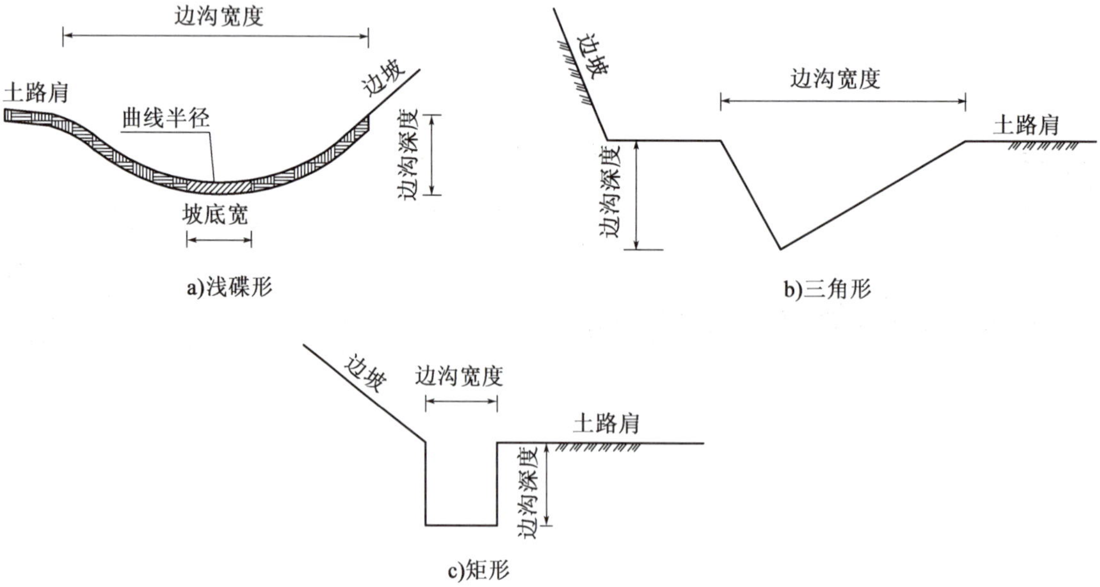

图 6.11-1　典型边沟形式示意图

6.11.2 农村公路一侧靠山体、一侧临崖的路段，宜在靠山体一侧设置浅碟形生态边沟，在满足公路排水的同时，提供更多的侧向余宽，保障行车安全；减少山区排水对临崖一侧路堤的冲刷，降低水毁造成的损失。

6.11.3 急弯和连续急弯路段的弯道外侧宜设置浅碟形边沟或暗埋式边沟，并施划路面车行道边缘线进行警示，如图 6.11-2 所示。

图 6.11-2　暗埋式边沟设置示例

6.11.4 村镇路段宜设置暗埋式边沟加盖板，或设置浅碟形边沟，边沟的设置宜与雨水口、排水管、检查井等排水设施相结合。

6.11.5 农村公路现有“宽大深”边沟路段，宜在满足路侧排水需要的前提下，利用“宽大深”边沟旧材料进行浅碟形边沟改造，减少交通事故造成的二次损伤。

6.12 凸面镜

6.12.1 农村公路应在视距不良的小半径曲线外侧设置凸面镜，其设置位置应能使驾驶人员观察到前方道路上的车辆、行人、牲畜等情况，如图 6.12-1 所示。

图　6.12-1

图 6.12-1　农村公路凸面镜设置示例

6.12.2　凸面镜可结合道路线形及路侧情况,与线形诱导标、轮廓标及路侧护栏等安全设施配合使用。

6.12.3　农村公路根据设计速度及弯道半径,公路用凸面镜直径宜选用 800mm。

附录1　农村公路安全防护工程基础信息调查资料

附录1.1　既有安全防护设施资料

既有安全防护设施资料见附表1.1-1。

既有安全防护设施资料　　附表1.1-1

所属路线信息							起讫桩号		路侧构造物或障碍物	路侧条件	线形或路段特征	既有设施类型	护栏设置位置	护栏设置长度（m）	护栏等级	护栏形式	护栏过渡段形式	端部处理情况	是否事故多发	是否通客运班车	是否通校车
路线名称	路线编号	车道数	路基宽度（m）	车道宽度（m）	技术等级	设计速度（km/h）	起点	终点													

填表说明：

1. 路侧构造物或障碍物（可多选）：（1）高速铁路；（2）高速公路；（3）高压输电线塔；（4）危险品储藏仓库；（5）Ⅰ级铁路；（6）一级公路；（7）民房；（8）行道树（需填写直径）；（9）其他构造物（需填写具体类型）。
2. 路侧条件：（1）临水；（2）临崖；（3）高边坡（需填写边坡高度）。
3. 线形或路段特征（可多选）：（1）急弯；（2）连续急弯；（3）陡坡；（4）连续长陡下坡；（5）桥头接小半径曲线；（6）穿村镇；（7）途经学校；（8）平面交叉。
4. 既有设施类型（可多选）：（1）护栏；（2）示警桩；（3）示警墩；（4）线形诱导标；（5）轮廓标；（6）标志（需填写类别）；（7）标线（需填写类别）；（8）减速丘；（9）块石路面；（10）道口标柱；（11）其他（需填写具体类型）。
5. 护栏设置位置填写：（1）左侧；（2）右侧。
6. 护栏等级：（1）C；（2）B；（3）A；（4）SB；（5）SA；（6）SS。
7. 护栏形式：（1）混凝土护栏；（2）波形梁护栏；（3）金属梁柱式护栏；（4）组合式护栏；（5）其他。
8. 护栏过渡段：（1）未处置；（2）与相邻波形梁护栏过渡；（3）与相邻混凝土护栏过渡；（4）与相邻金属梁柱式护栏过渡。
9. 端部处理情况：（1）未处置；（2）波形梁护栏圆形端头；（3）外展式端头；（4）地锚式端头。
10. 不同特征路段按照起始点桩号分行填写。
11. 桥梁路段同时填写路线名称和桥梁名称。

附录 1.2　交通事故数据统计资料

交通事故数据统计资料见附表 1.2-1。

交通事故数据统计资料　　附表 1.2-1

编号	所属路线信息				起讫桩号		近三年内发生的交通事故			经济损失（万元）
	路线名称	路线编号	技术等级	设计速度（km/h）	起点	终点	事故类型	重伤人数	死亡人数	

填表说明：
1. 事故类型：(1)车辆对撞事故；(2)车辆侧向碰撞事故；(3)车辆驶出路外事故(含碰撞护栏等路侧设施事故)。
2. 通车不满三年的公路，以实际通车年限计。

附录 1.3 交通运行条件资料

交通运行条件资料见附表 1.3-1。

交 通 运 行 条 件 资 料

附表 1.3-1

所属路线信息				限制速度（km/h）	年平均日交通量（辆小客车）	车辆自然数（车辆总质量 W）			
路线名称	路线编号	技术等级	设计速度（km/h）			$W<6t$	$6t\leq W<10t$	$10t\leq W<25t$	$W\geq 25t$

填表说明：

1. 采用交调站（点）数据时，车辆自然数可按下列规定填写：

（1）小型货车、中小客车为 $W<6t$；

（2）中型货车为 $6t\leq W<10t$；

（3）大型货车、大型客车为 $10t\leq W<25t$；

（4）特大货车、拖挂车、集装箱车为 $W\geq 25t$。

2. 无交调站（点）数据时，年平均日交通量可按实际调查的高峰小时交通量乘以 10 估计，车辆自然数可按下列规定填写：

（1）车长 6～8m 且 16～30 座的两轴客车为 $6t\leq W<10t$；

（2）车长超过 8m 且 30 座以上的客车为 $10t\leq W<25t$；

（3）车长 6～7m 且 2 轴货车为 $6t\leq W<10t$；

（4）车长超过 7m 且 2 轴或 3 轴货车为 $10t\leq W<25t$；

（5）4 轴以上货车为 $W\geq 25t$；

（6）其余为 $W<6t$。

附录1.4　其他资料

（1）公路平纵线形设计图纸；

（2）交通安全设施设计图纸；

（3）桥梁路段设计图纸应包括桥梁设计说明、桥型布置图（含立面、平面、横断面）、桥面板结构设计图等；

（4）公路线形、路侧条件、桥梁结构、安全防护设施（含过渡段和端部处理等）等的现场图像资料。

附录2　安全防护设施设计图集

附录2.1　单坡面C级路基协同式混凝土护栏

单坡面C级路基协同式混凝土护栏如附图2.1-1～附图2.1-4所示。

护栏立面图

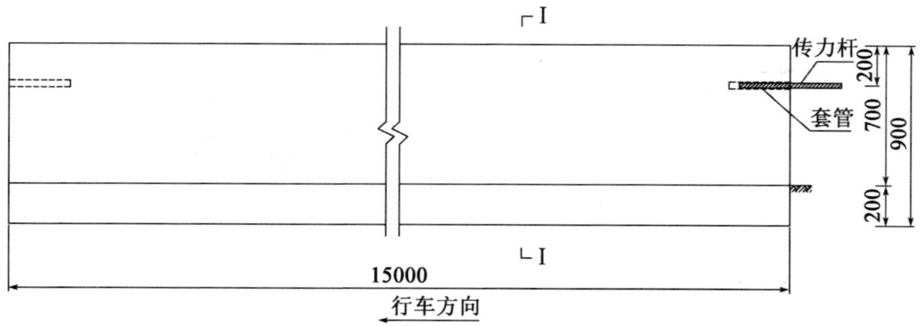

I－I剖面图

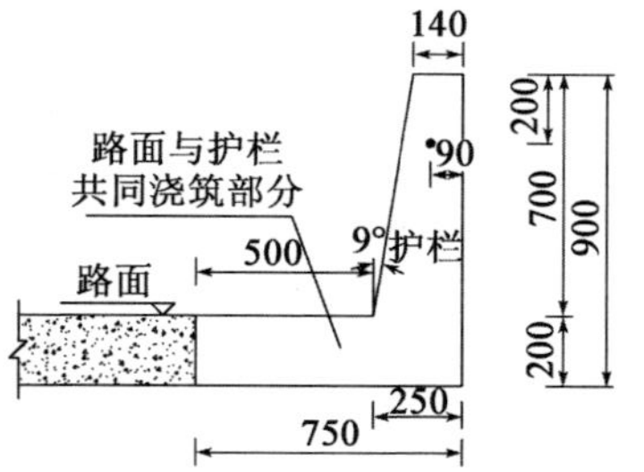

护栏平面图

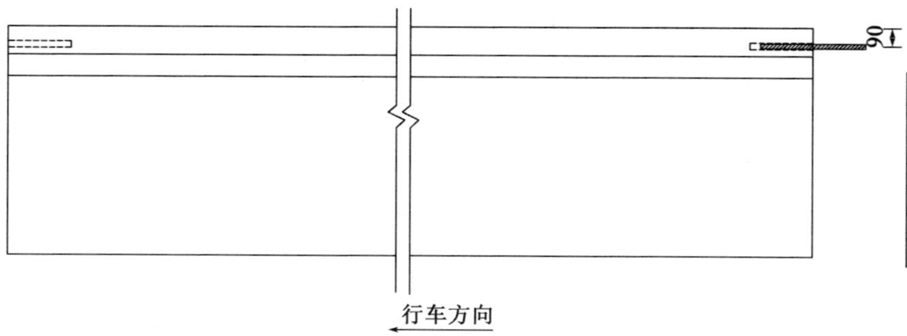

每15m护栏材料用量表

材料	规格	质量(kg)	合计(kg)	造价估算
钢筋	φ8	113.44	268.68	217元/m (含0.5m宽路面)
	φ10	78.26		
	φ12	76.99		
传力杆	φ25	1.93	2.87	
套筒	φ34×2	0.95		
混凝土	C25	4.24m³		

附图2.1-1　单坡面C级路基协同式混凝土护栏一般构造示例(尺寸单位:mm)

注:1. 本护栏可适用于宽度不小于250mm的路肩。

2. 新建公路护栏基础与路面一同浇筑,既有公路护栏基础钢筋水平方向植入路面长度不小于0.5m,连接护栏与路基协同受力。

3. 造价以实际工程施工图设计的预算为准。

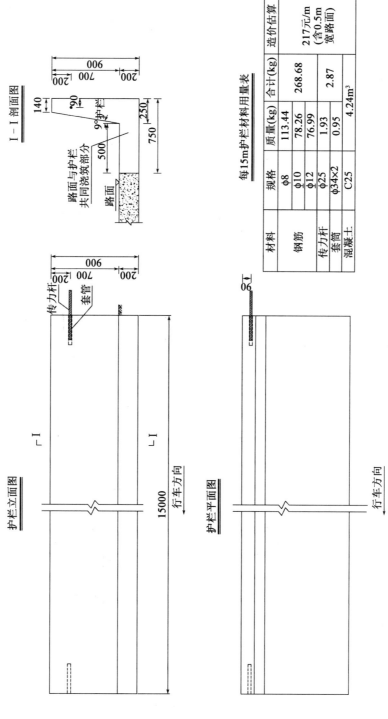

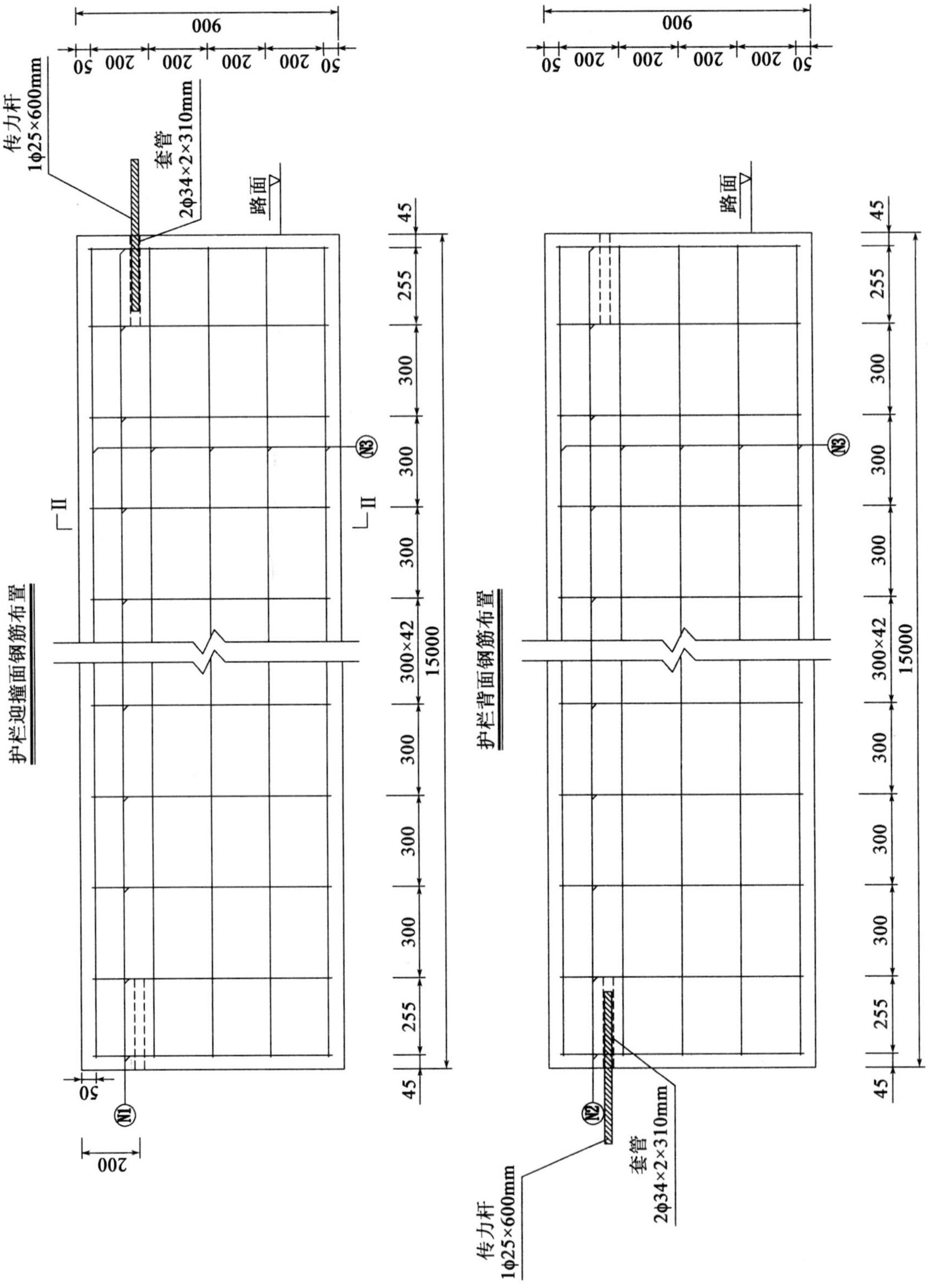
护栏迎撞面钢筋布置
传力杆
1φ25×600mm
套管
2φ34×2×310mm
路面
900
50 200 200 200 200 50
45 255 300 300 300 300×42 300 300 300 255 45
15000
N1
N3
II
200
50
护栏背面钢筋布置
N2
传力杆
1φ25×600mm
套管
2φ34×2×310mm
路面
900
50 200 200 200 200 50
45 255 300 300 300 300×42 300 300 300 255 45
15000
N3

附图 2.1-2

Ⅱ-Ⅱ剖面图

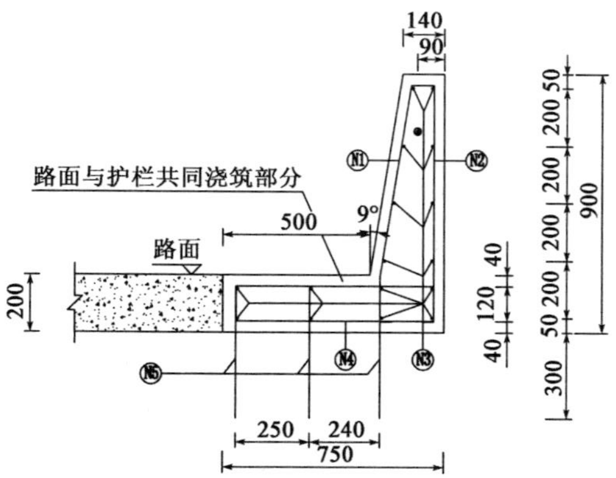

每15m护栏钢材用量表

材料		规格(mm)	数量(根)	单根长度(mm/根)	总长度(m)	单位质量(kg/m)	总质量(kg)	材质	总计(kg)
钢筋	①	ϕ10	51	987	50.34	0.617	31.06	HRB335	268.68
	②	ϕ8	51	900	45.90	0.395	18.13	HPB300	
	③	ϕ8	16	15080	241.28	0.395	95.31	HPB300	
	④	ϕ12	51	1700	86.7	0.888	76.99	HRB335	
	⑤	ϕ10	153	500	76.5	0.617	47.20	HRB335	
传力杆		ϕ25	1	500	0.50	3.85	1.93	45号钢	2.87
套管		ϕ34×2	2	300	0.60	1.58	0.95	Q235钢或PVC	

护栏钢筋大样图

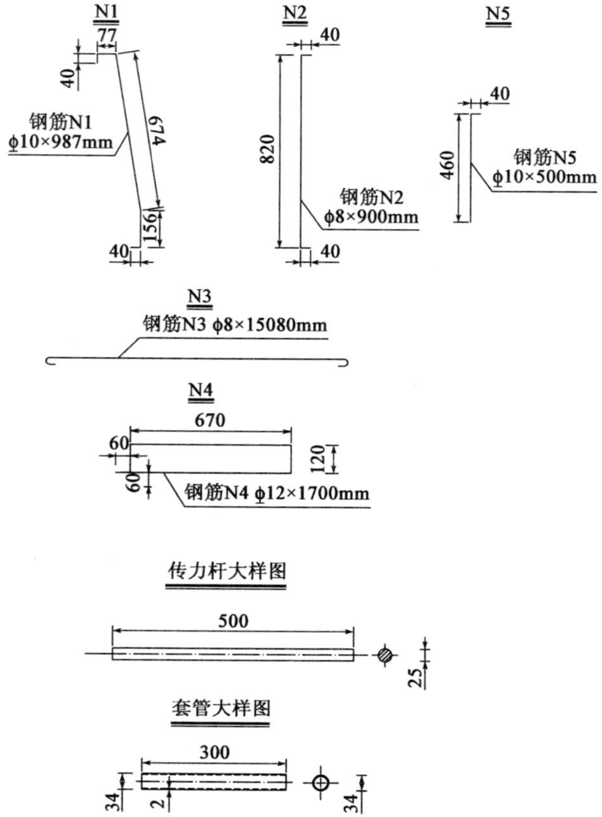

附图 2.1-2　单坡面 C 级路基协同式混凝土护栏配筋图-1（尺寸单位：mm）

注：1. 本图适用于新浇筑混凝土路面。

2. N4 钢筋水平方向布设于路面以下，N5 钢筋竖直方向植入路面以下，用于连接护栏基础与路基。N4、N5 钢筋沿行车方向布设间距为 200mm。

3. N2 钢筋可使用 ϕ12 的玻璃纤维筋替代。

4. 施工时钢筋之间用扎丝绑扎固定，原路面断开处进行凿毛处理。

5. 钢筋保护层厚度不小于 30mm。

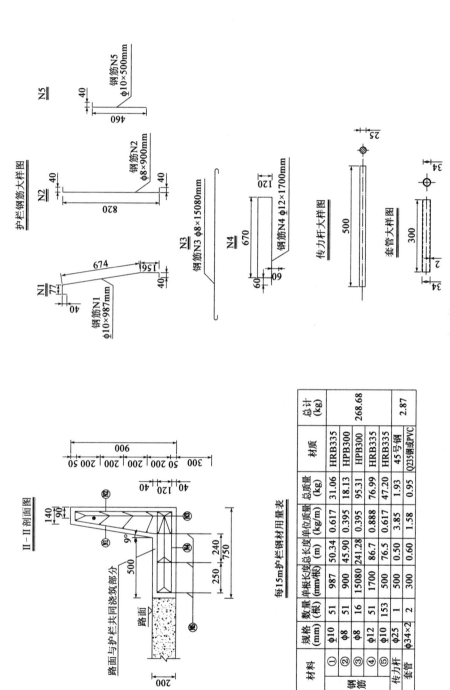

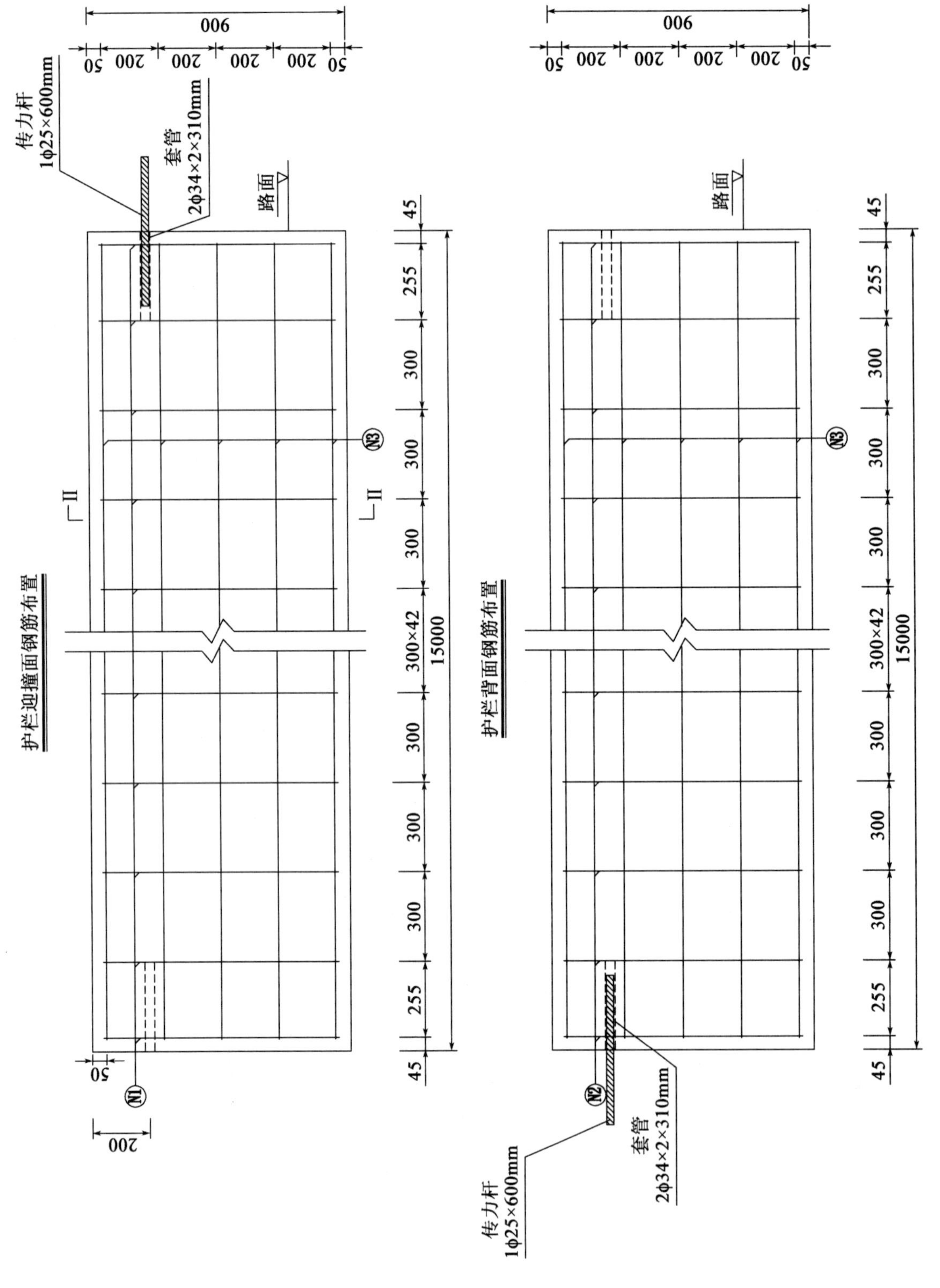
护栏迎撞面钢筋布置
护栏背面钢筋布置
传力杆
1φ25×600mm
套管
2φ34×2×310mm
路面
900
50
200
45
255
300
300×42
15000
N1
N2
N3
II

附图 2.1-3

Ⅱ-Ⅱ剖面图

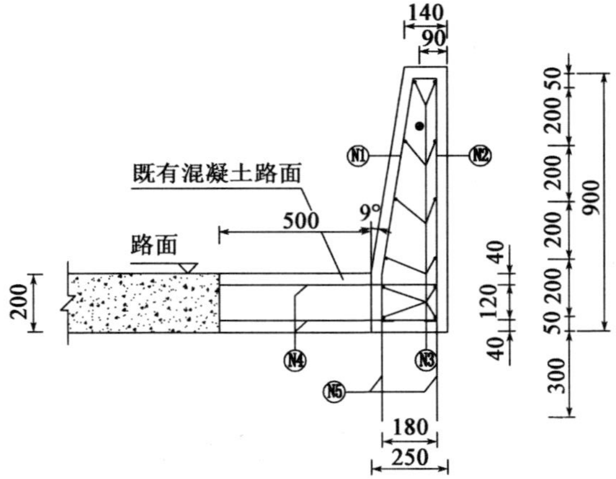

护栏钢筋大样图

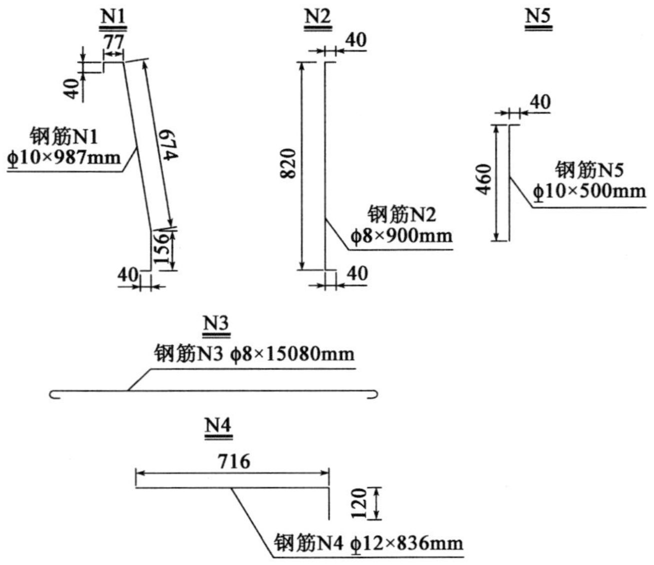

每15m护栏钢材用量表

材料		规格 (mm)	数量 (根)	单根长度 (mm/根)	总长度 (m)	单位质量 (kg/m)	总质量 (kg)	材质	总计 (kg)
钢筋	①	ϕ10	51	987	50.34	0.617	31.06	HRB335	227.86
	②	ϕ8	51	900	45.90	0.395	18.13	HPB300	
	③	ϕ8	12	15080	180.96	0.395	71.48	HPB300	
	④	ϕ12	102	836	85.27	0.888	75.72	HRB335	
	⑤	ϕ10	102	500	51	0.617	31.47	HRB335	
传力杆		ϕ25	1	500	0.50	3.85	1.93	45号钢	2.87
套管		ϕ34×2	2	300	0.60	1.58	0.95	Q235钢或PVC	

传力杆大样图

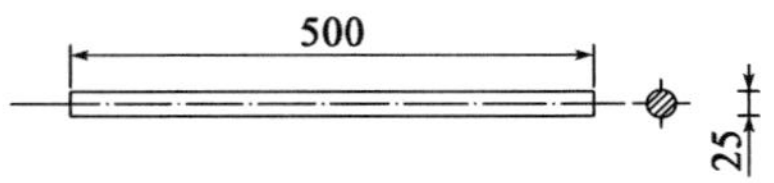

套管大样图

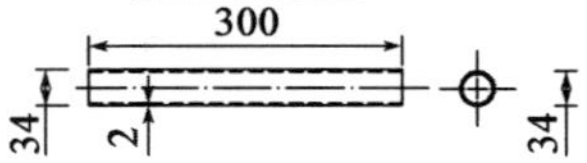

附图 2.1-3　单坡面 C 级路基协同式混凝土护栏配筋图-2(尺寸单位:mm)

注:1. 本图可适用于新浇筑混凝土路面,也可适用于既有混凝土路面。

2. N4 钢筋水平方向植入路面以下,N5 钢筋竖直方向植入路面以下,用于连接护栏基础与路基。N4、N5 钢筋沿行车方向布设间距为 200mm。

3. N2 钢筋可使用 ϕ12 的玻璃纤维筋替代。

4. 施工时钢筋之间用扎丝绑扎固定,原路面断开处进行凿毛处理。

5. 钢筋保护层厚度不小于 30mm。

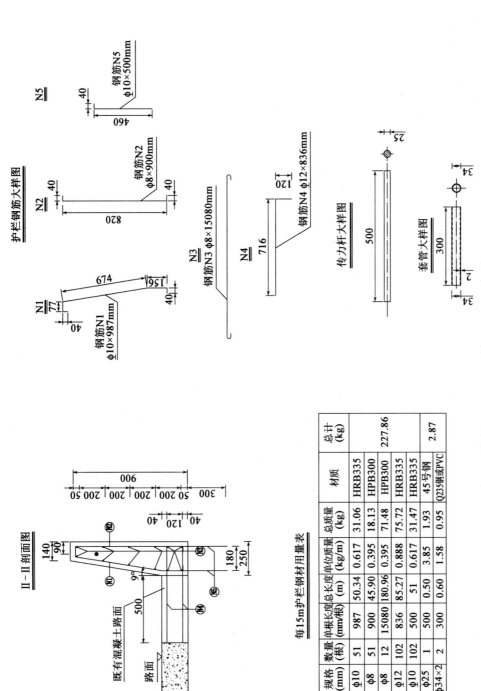

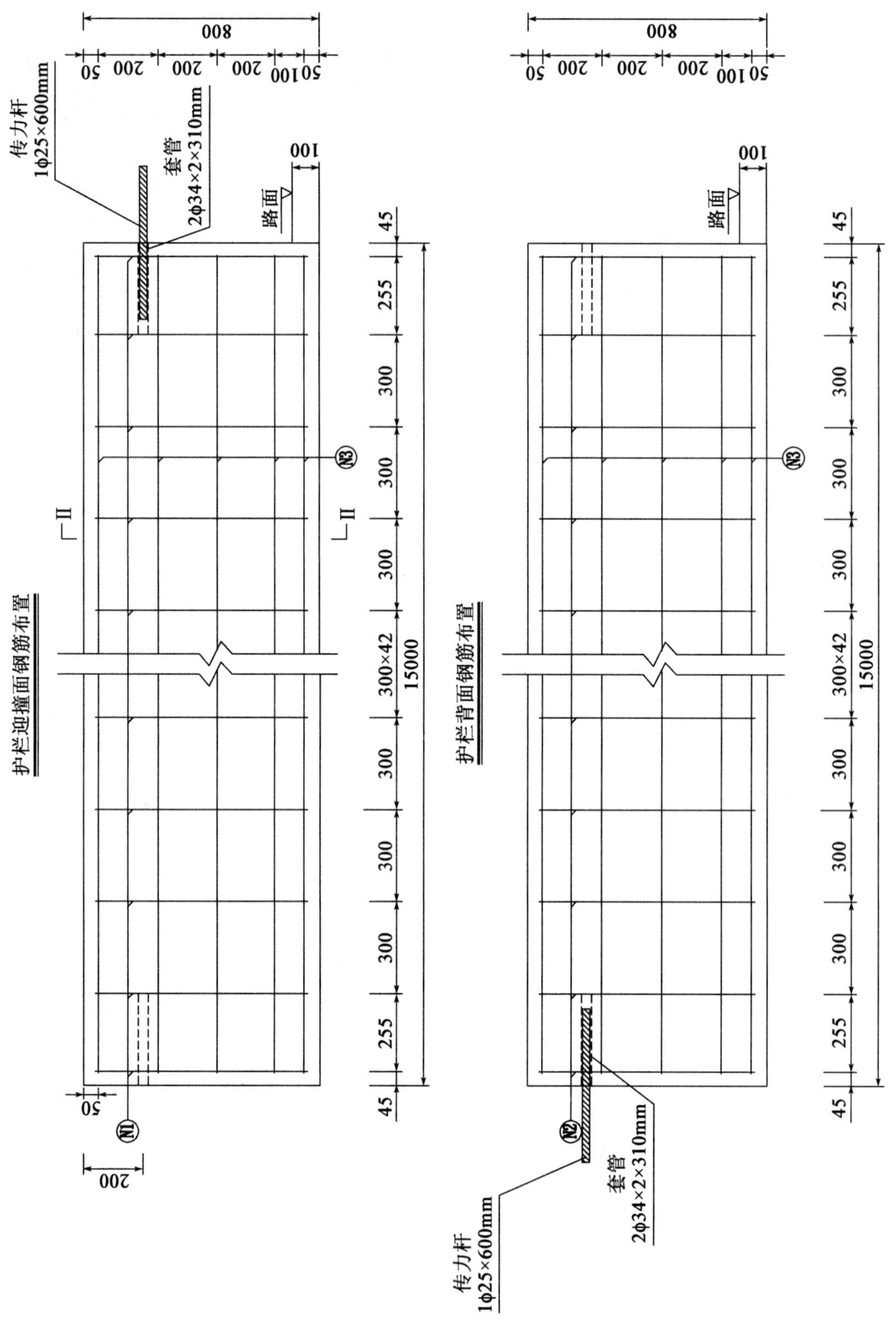
护栏迎撞面钢筋布置
护栏背面钢筋布置
传力杆
1φ25×600mm
套管
2φ34×2×310mm
路面
N1
N2
N3
800
15000
300×42

附图 2.1-4

Ⅱ-Ⅱ剖面图

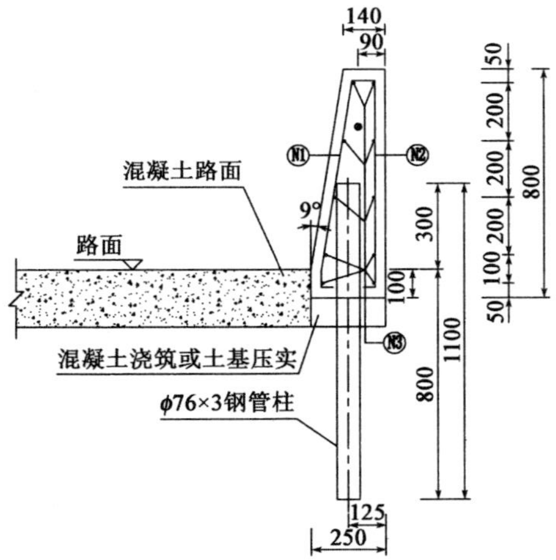

护栏钢筋大样图

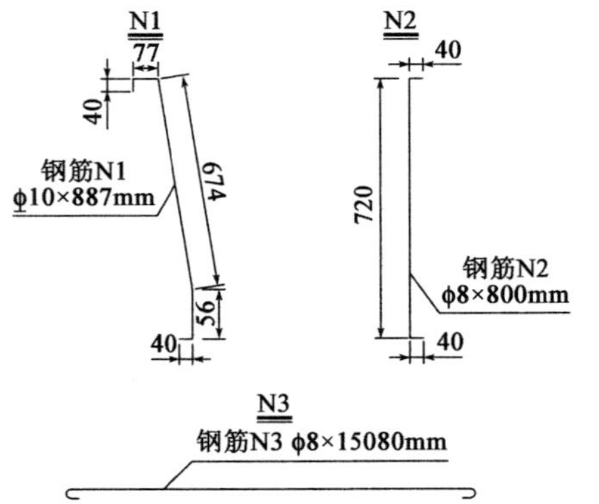

钢管桩大样图

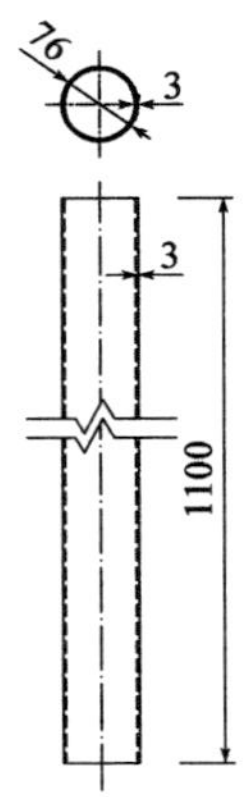

传力杆大样图

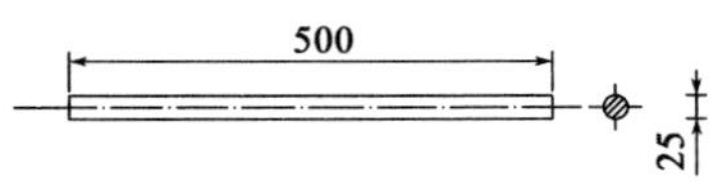

套管大样图

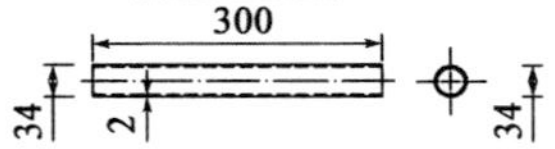

每15m护栏钢材用量表

材料		规格(mm)	数量(根)	单根长度(mm/根)	总长度(m)	单位质量(kg/m)	总质量(kg)	材质	总计(kg)
钢筋	①	φ10	51	887	45.24	0.617	27.91	HRB335	103.59
	②	φ8	51	800	40.8	0.395	16.12	HPB300	
	③	φ8	10	15080	150.8	0.395	59.57	HPB300	
钢管桩		φ76×3	5	1100	5.5	5.43	29.87	Q235钢无缝管	32.74
传力杆		φ25	1	500	0.50	3.85	1.93	45号钢	
套管		φ34×2	2	300	0.60	1.58	0.95	Q235钢或PVC	

附图 2.1-4　单坡面 C 级路基协同式混凝土护栏配筋图-3(尺寸单位:mm)

注:1. 本图可适用于新浇筑混凝土路面,也可适用于既有混凝土路面。

2. 新浇筑的路面可预留混凝土孔洞后打入钢管桩,既有混凝土路面可钻孔后打入钢管桩,用于连接基础与上部护栏。

3. 钢管桩间距 3m,路面以上 30cm,路面以下 80cm。混凝土护栏路面以下 10cm,路面以上 70cm,护栏基础下方土基压实度不低于 90%。

4. N2 钢筋可使用 $\phi12$ 的玻璃纤维筋替代。

5. 施工时钢筋之间用扎丝绑扎固定,原路面断开处进行凿毛处理。

6. 钢筋保护层厚度不小于 30mm。

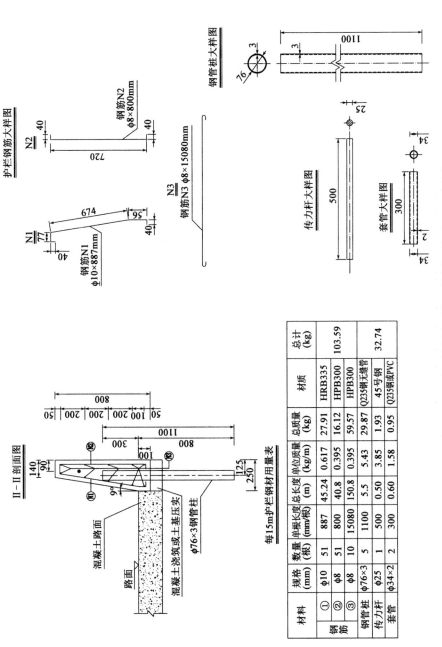

附录 2.2　直墙式 C 级路基协同式混凝土护栏

直墙式 C 级路基协同式混凝土护栏如附图 2.2-1 ~ 附图 2.2-4 所示。

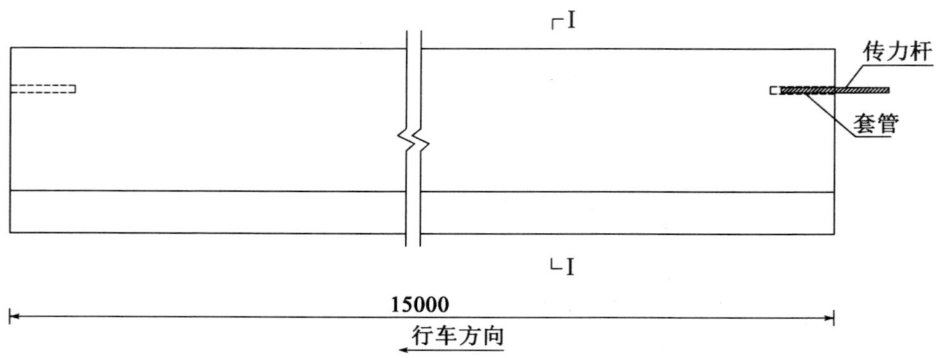

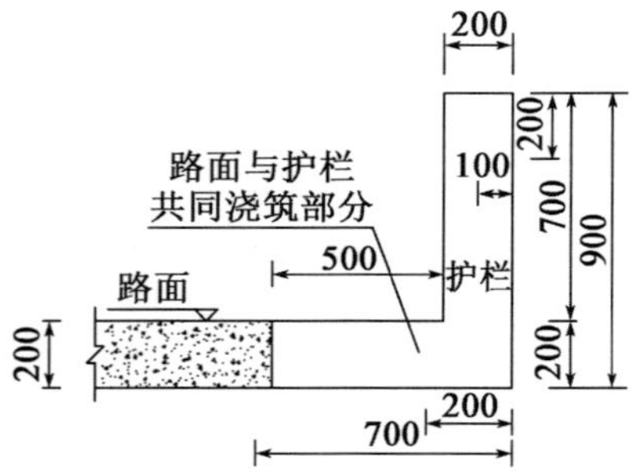

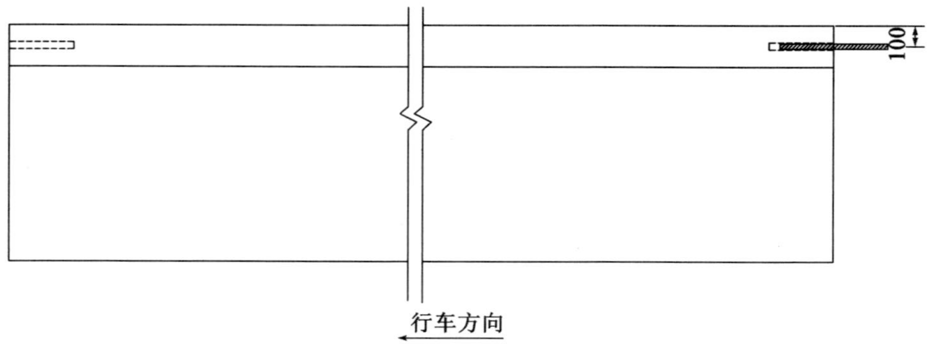

每15m护栏材料用量表

材料	规格	质量(kg)	合计(kg)	造价估算
钢筋	ϕ8	113.44	264.34	214元/m(含0.5m宽路面)
	ϕ10	78.45		
	ϕ12	72.46		
传力杆	ϕ25	1.93	2.87	
套筒	ϕ34×2	0.95		
混凝土	C25	$4.20m^3$		

附图 2.2-1　直墙式 C 级路基协同式混凝土护栏一般构造示例(尺寸单位:mm)

注:1. 本护栏可适用于宽度不小于 200mm 的路肩。
2. 新建公路护栏基础与路面一起浇筑,既有公路护栏基础钢筋水平方向植入路面长度不小于 0.5m,连接护栏与路基协同受力。
3. 造价以实际工程施工图设计的预算为准。

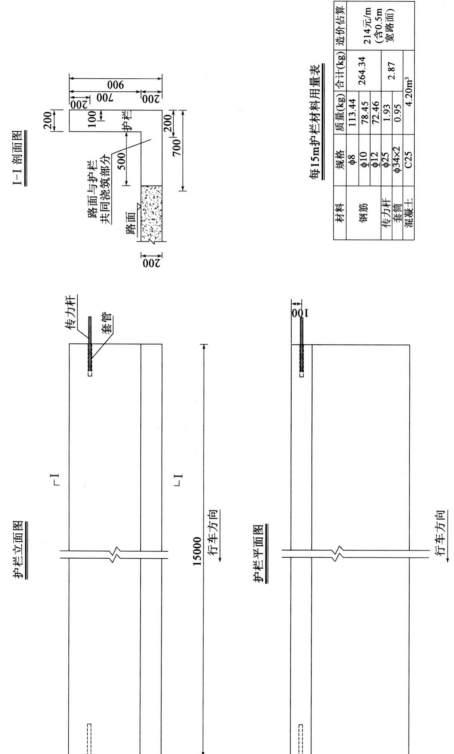

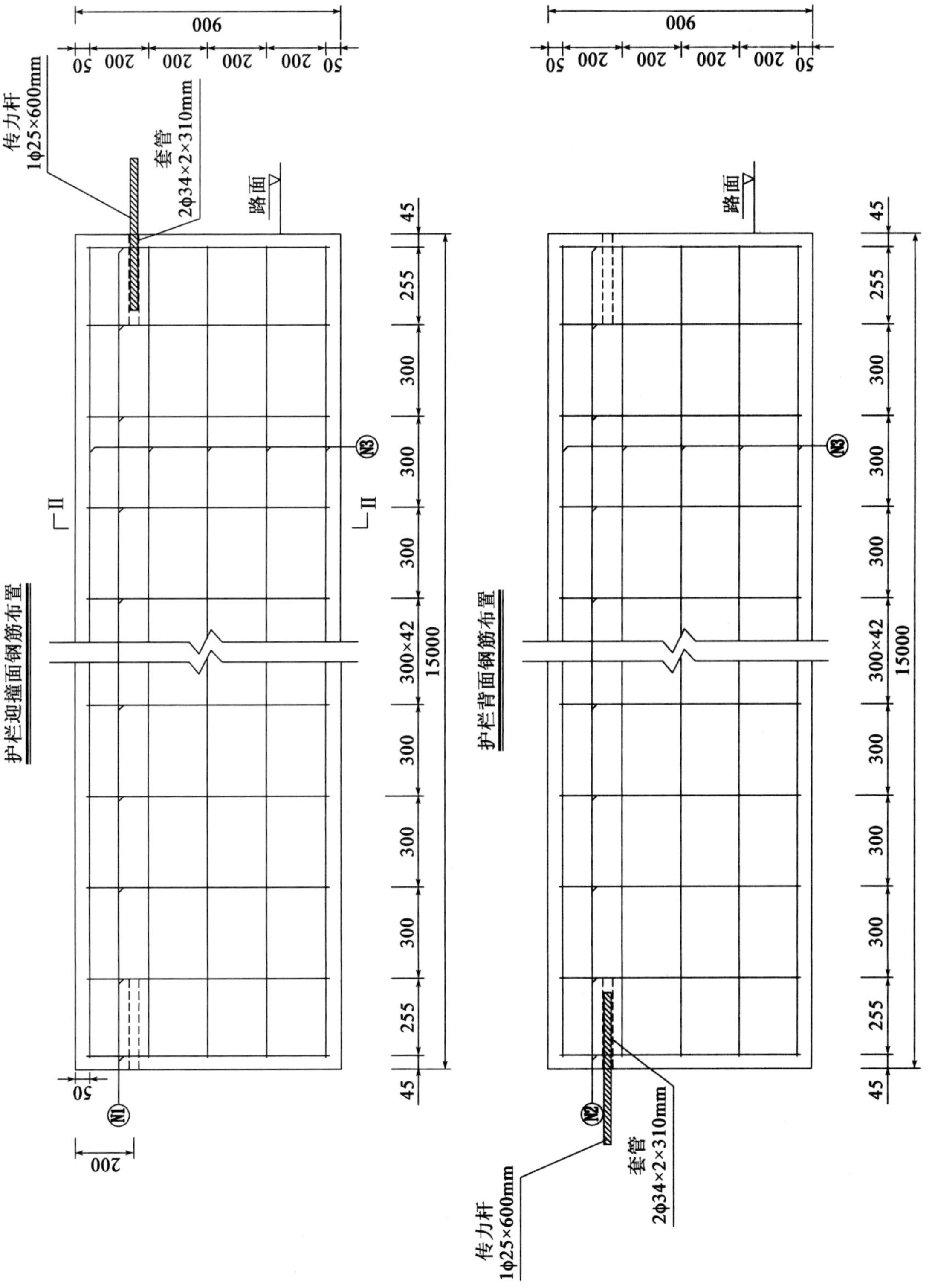
护栏迎撞面钢筋布置
传力杆
1ϕ25×600mm
套管
2ϕ34×2×310mm
路面
900
50 200 200 200 200 50
45 255 300 300 300 300×42 300 300 300 255 45
15000
N1
N3
II
200
50
护栏背面钢筋布置
N2

附图 2.2-2

II-II剖面图

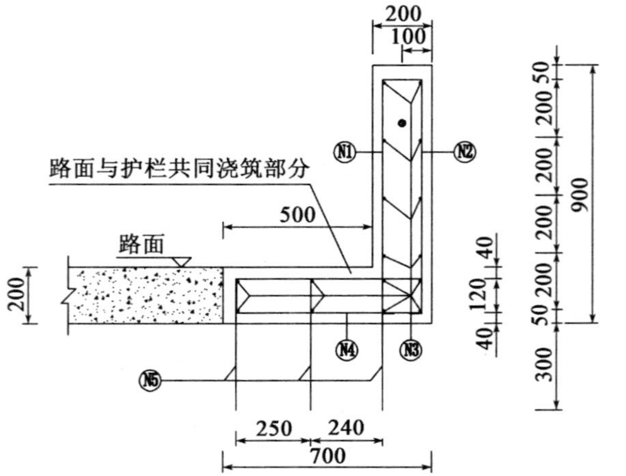

每15m护栏钢材用量表

材料		规格(mm)	数量(根)	单根长度(mm/根)	总长度(m)	单位质量(kg/m)	总质量(kg)	材质	总计(kg)
钢筋	①	ϕ10	51	993	50.64	0.617	31.25	HRB335	264.34
	②	ϕ8	51	900	45.90	0.395	18.13	HPB300	
	③	ϕ8	16	15080	241.28	0.395	95.31	HPB300	
	④	ϕ12	51	1600	86.7	0.888	72.46	HRB335	
	⑤	ϕ10	153	500	76.5	0.617	47.20	HRB335	
传力杆		ϕ25	1	500	0.50	3.85	1.93	45号钢	2.87
套管		ϕ34×2	2	300	0.60	1.58	0.95	Q235钢或PVC	

护栏钢筋大样图

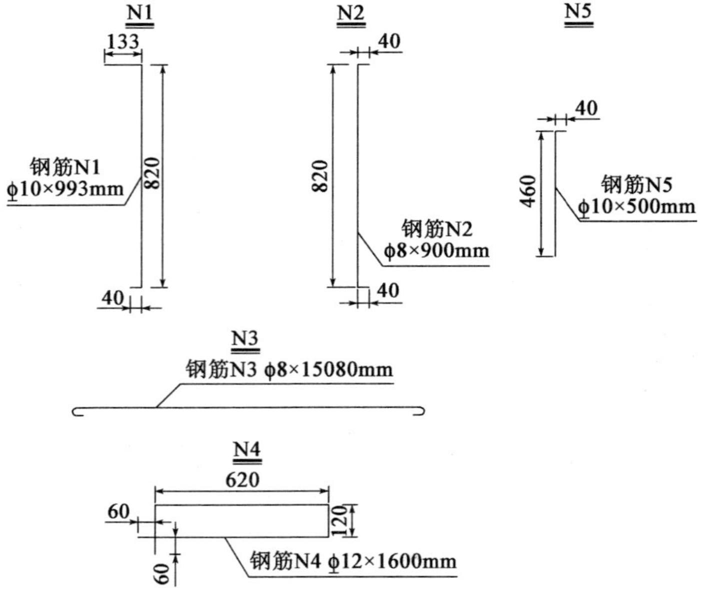

传力杆大样图

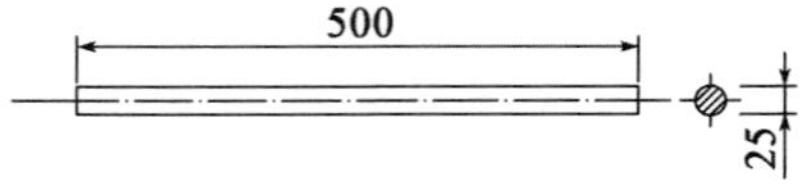

套管大样图

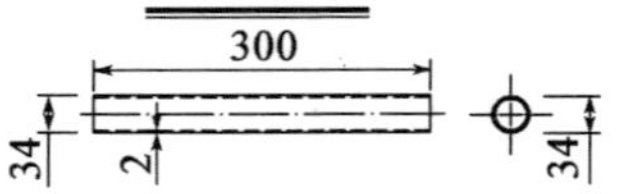

附图 2.2-2 直墙式 C 级路基协同式混凝土护栏配筋图-1(尺寸单位:mm)

注:1. 本图适用于新浇筑混凝土路面。

2. N4 钢筋水平方向布设于路面以下,N5 钢筋竖直方向植入路面以下,用于连接护栏基础与路基。N4、N5 钢筋沿行车方向布设间距为 200mm。

3. N2 钢筋可使用 $\phi12$ 的玻璃纤维筋替代。

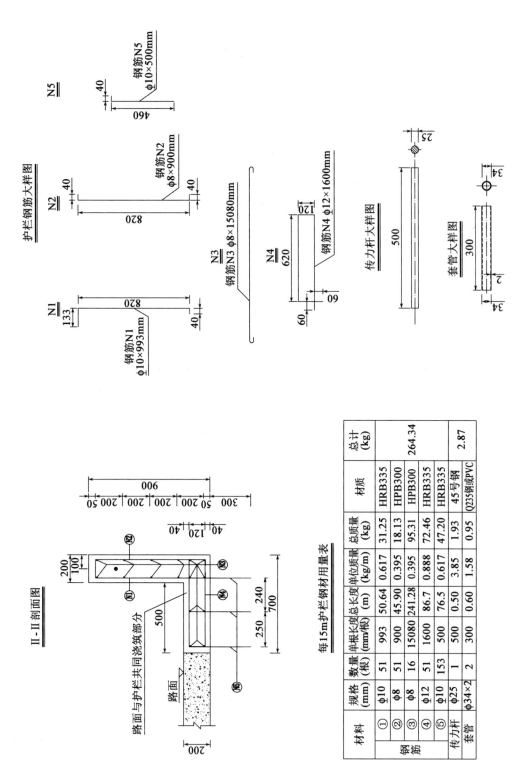

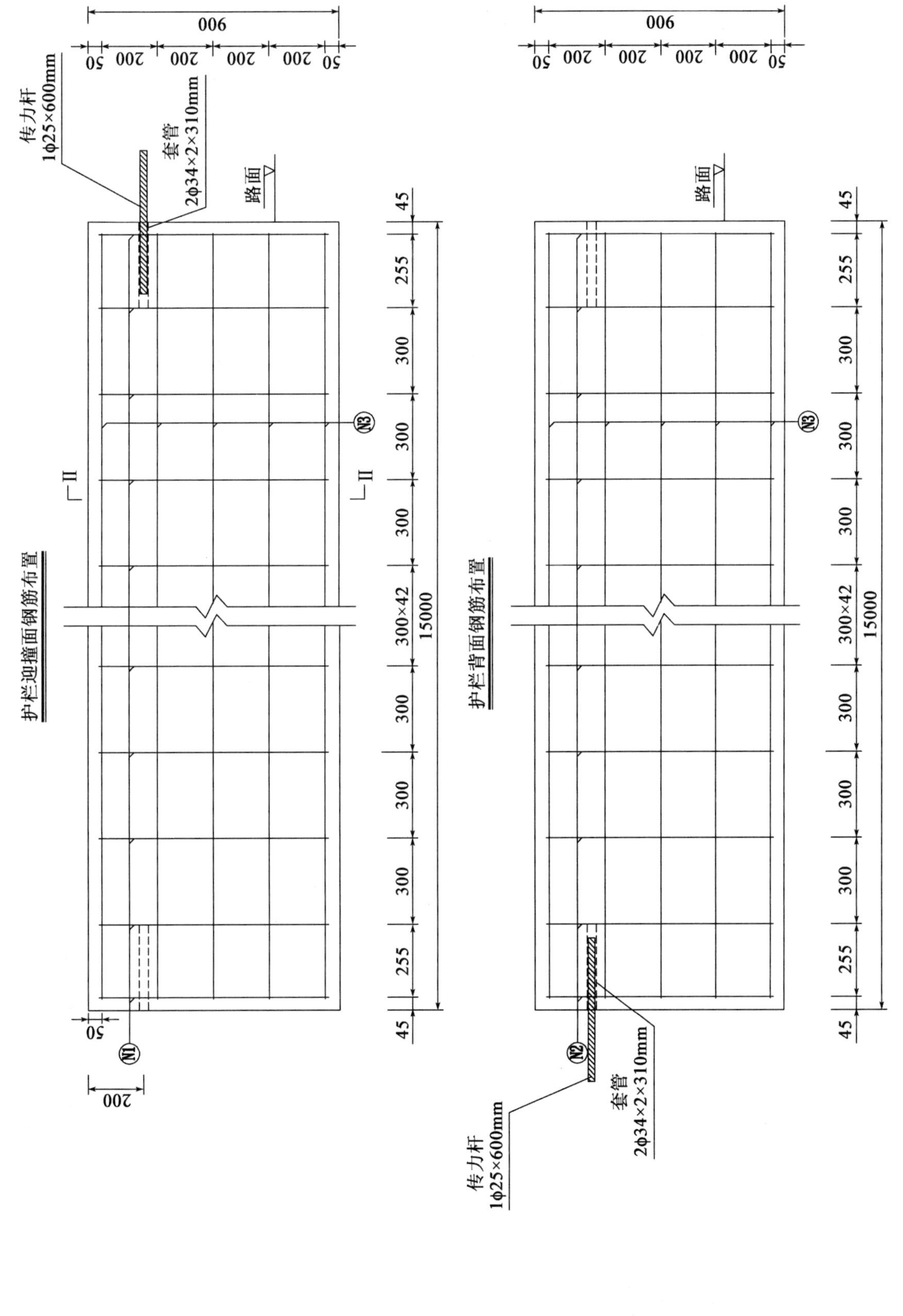
护栏迎撞面钢筋布置
传力杆
1ϕ25×600mm
套管
2ϕ34×2×310mm
路面
900
50 200 200 200 200 50
45 255 300 300 300 300×42 300 300 300 255 45
15000
N1
N3
200
50
II
护栏背面钢筋布置
传力杆
1ϕ25×600mm
套管
2ϕ34×2×310mm
路面
900
50 200 200 200 200 50
45 255 300 300 300 300×42 300 300 300 255 45
15000
N2
N3

附图 2.2-3

II-II剖面图

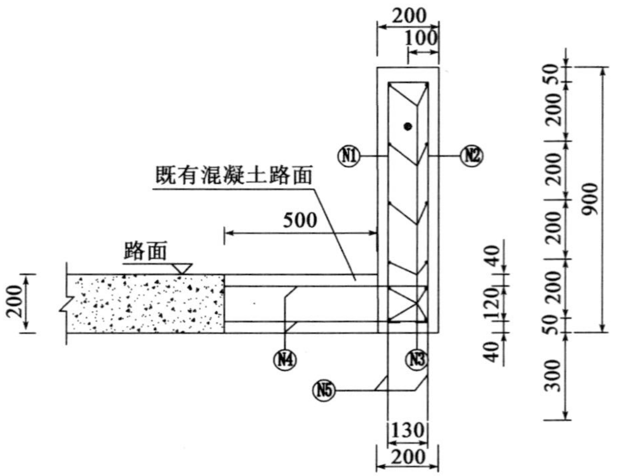

护栏钢筋大样图

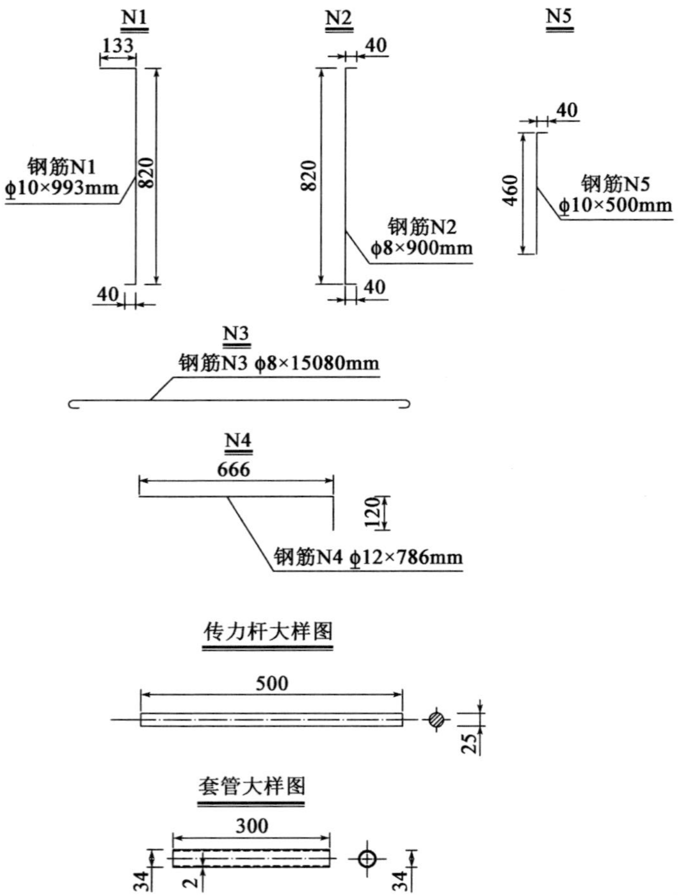

每15m护栏钢材用量表

材料		规格(mm)	数量(根)	单根长度(mm/根)	总长度(m)	单位质量(kg/m)	总质量(kg)	材质	总计(kg)
钢筋	①	ϕ10	51	993	50.64	0.617	31.25	HRB335	223.52
	②	ϕ8	51	900	45.90	0.395	18.13	HPB300	
	③	ϕ8	12	15080	180.96	0.395	71.48	HPB300	
	④	ϕ12	102	786	80.17	0.888	71.19	HRB335	
	⑤	ϕ10	102	500	51	0.617	31.47	HRB335	
传力杆		ϕ25	1	500	0.50	3.85	1.93	45号钢	2.87
套管		ϕ34×2	2	300	0.60	1.58	0.95	Q235钢或PVC	

附图 2.2-3　直墙式 C 级路基协同式混凝土护栏配筋图-2(尺寸单位:mm)

注:1. 本图可适用于新浇筑混凝土路面,也可适用于既有混凝土路面。

2. N4 钢筋水平方向植入路面以下,N5 钢筋竖直方向植入路面以下,用于连接护栏基础与路基。N4、N5 钢筋沿行车方向布设间距为 200mm。

3. N2 钢筋可使用 ϕ12 的玻璃纤维筋替代。

4. 施工时钢筋之间用扎丝绑扎固定,原路面断开处进行凿毛处理。

5. 钢筋保护层厚度不小于 30mm。

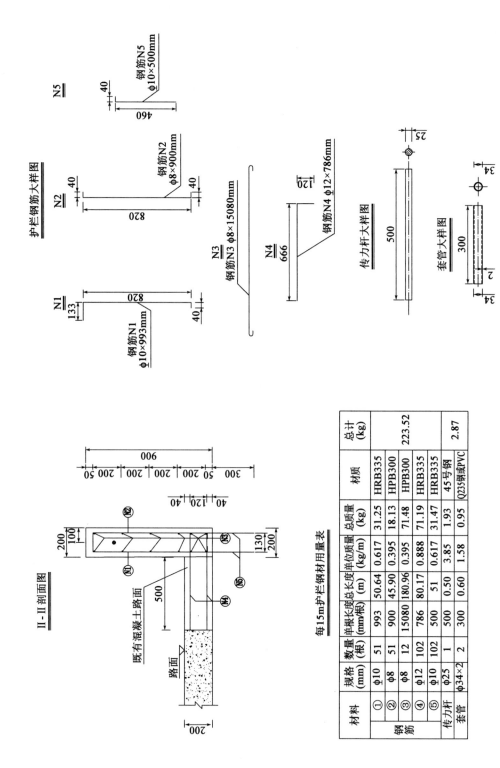

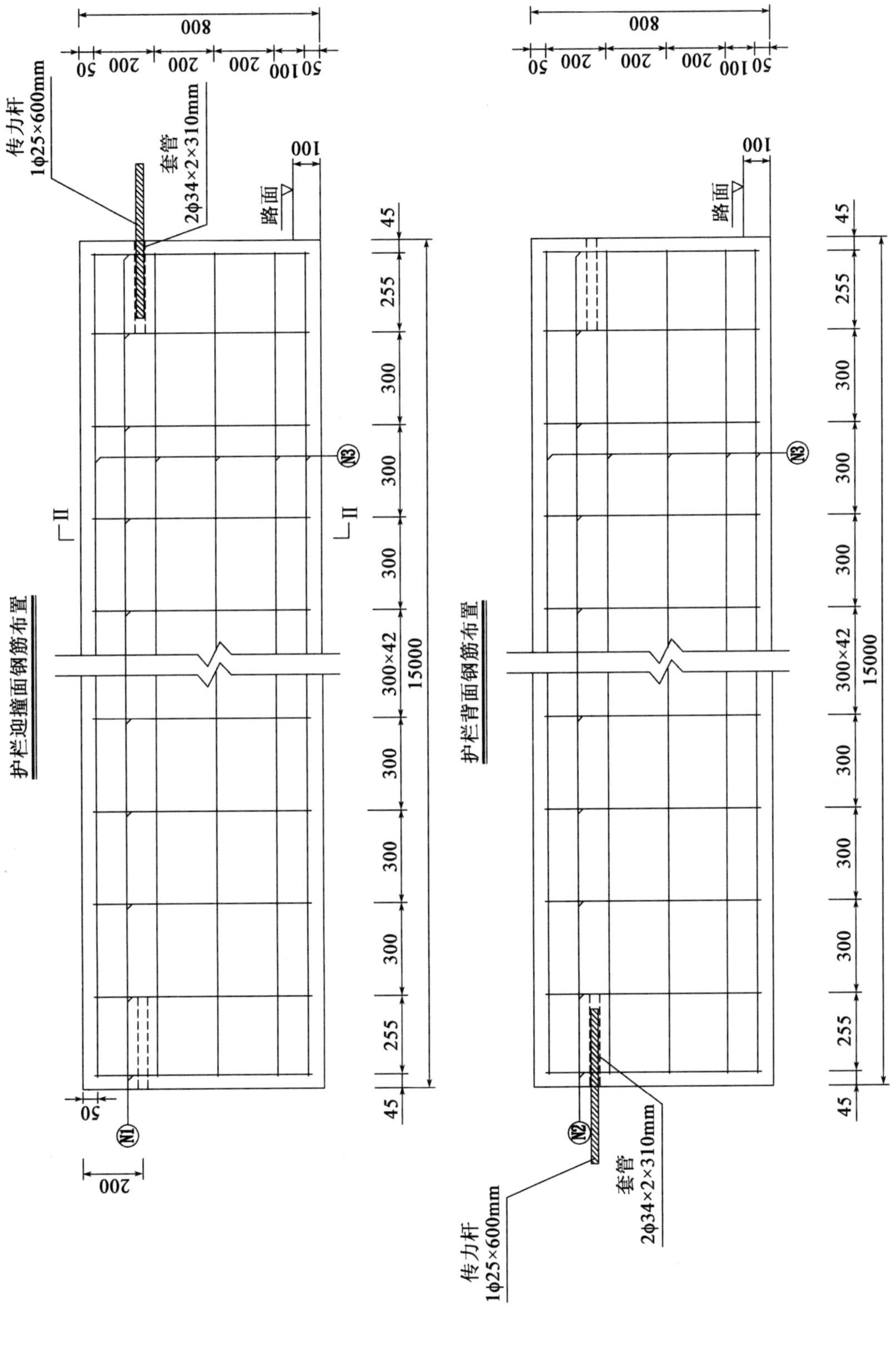
护栏迎撞面钢筋布置
传力杆
1φ25×600mm
套管
2φ34×2×310mm
路面
100
800
50 200 200 200 100 50
45 255 300 300 300 300×42 300 300 300 255 45
15000
N1
N3
II
50
200
护栏背面钢筋布置
N2

附图 2.2-4

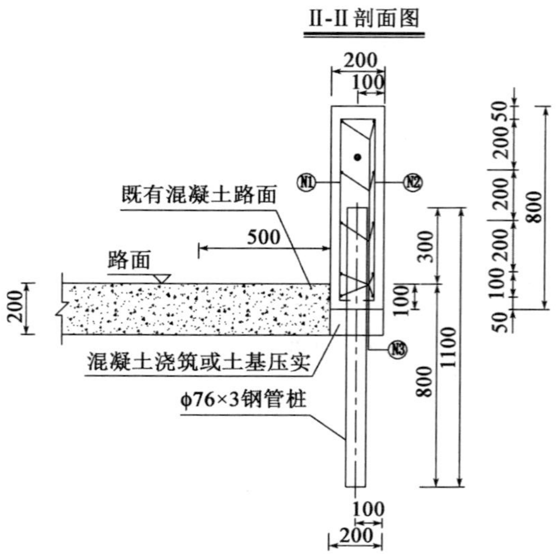

每15m护栏钢材用量表

材料		规格(mm)	数量(根)	单根长度(mm/根)	总长度(m)	单位质量(kg/m)	总质量(kg)	材质	总计(kg)
钢筋	①	ϕ10	51	893	45.54	0.617	28.1	HRB335	103.78
	②	ϕ8	51	800	40.8	0.395	16.12	HPB300	
	③	ϕ8	10	15080	150.8	0.395	59.57	HPB300	
钢管桩		ϕ76×3	5	1100	5.5	5.43	29.87	Q235钢	32.74
传力杆		ϕ25	1	500	0.50	3.85	1.93	45号钢	
套管		ϕ34×2	2	300	0.60	1.58	0.95	Q235钢或PVC	

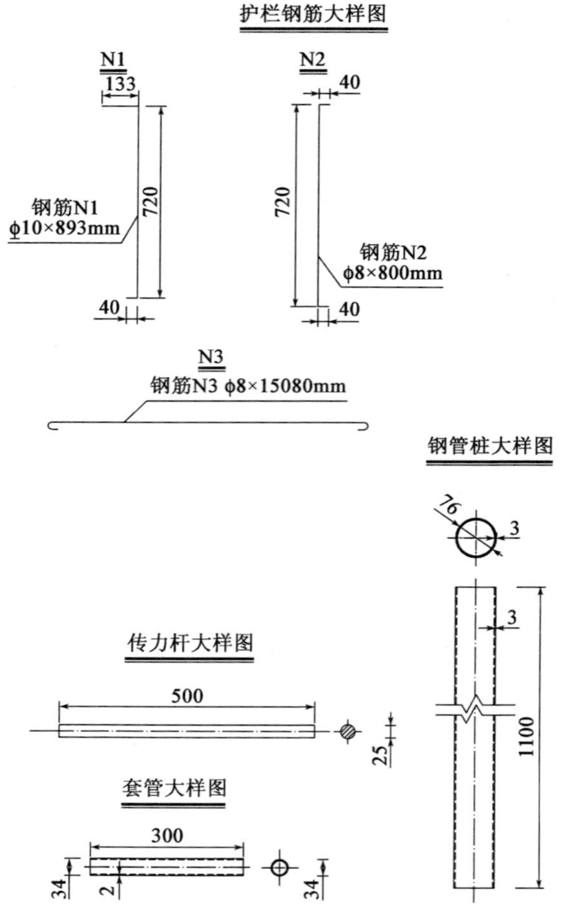

附图 2.2-4 直墙式 C 级路基协同式混凝土护栏配筋图-3(尺寸单位:mm)

注:1. 本图可适用于新浇筑混凝土路面,也可适用于既有混凝土路面。

2. 新浇筑的路面可预留混凝土孔洞后打入钢管桩,既有混凝土路面可钻孔后打入钢管桩,用于连接基础与上部护栏。

3. 钢管桩间距 3m,路面以上 30cm,路面以下 80cm。混凝土护栏路面以下 10cm,路面以上 70cm,护栏基础下方土基压实度不低于 90%。

4. N2 钢筋可使用 ϕ12 的玻璃纤维筋替代。

5. 施工时钢筋之间用扎丝绑扎固定,原路面断开处进行凿毛处理。

6. 钢筋保护层厚度不小于 30mm。

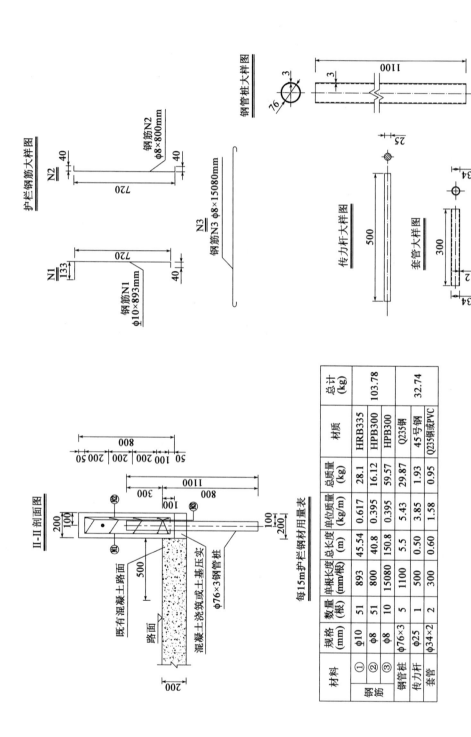

附录 2.3　示警墩提升至 C 级护栏

高度 600mm 的示警墩提升至 C 级护栏如附图 2.3-1 所示。

立面配筋图

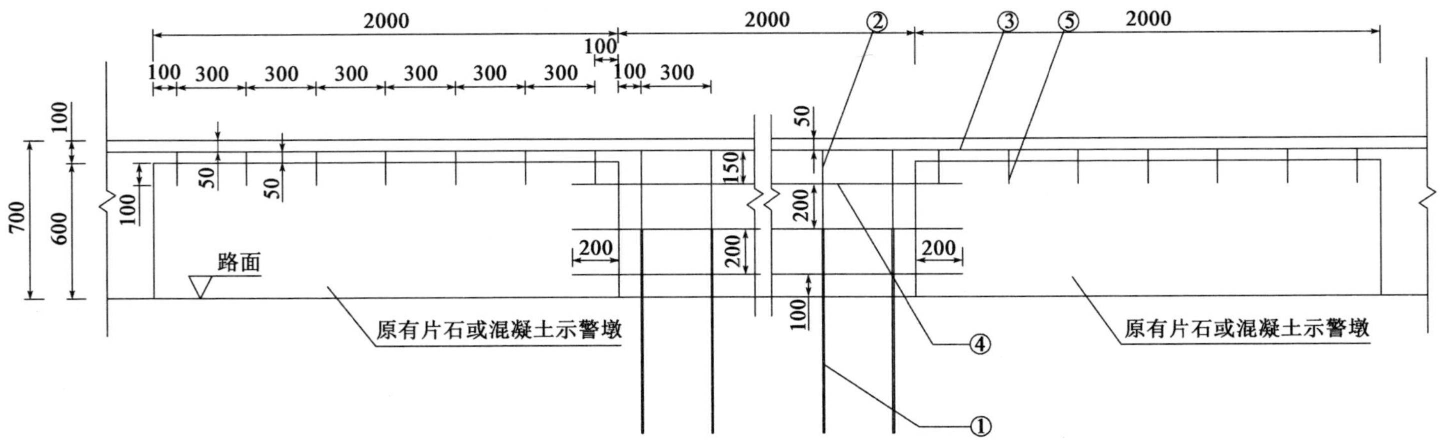

平面配筋图

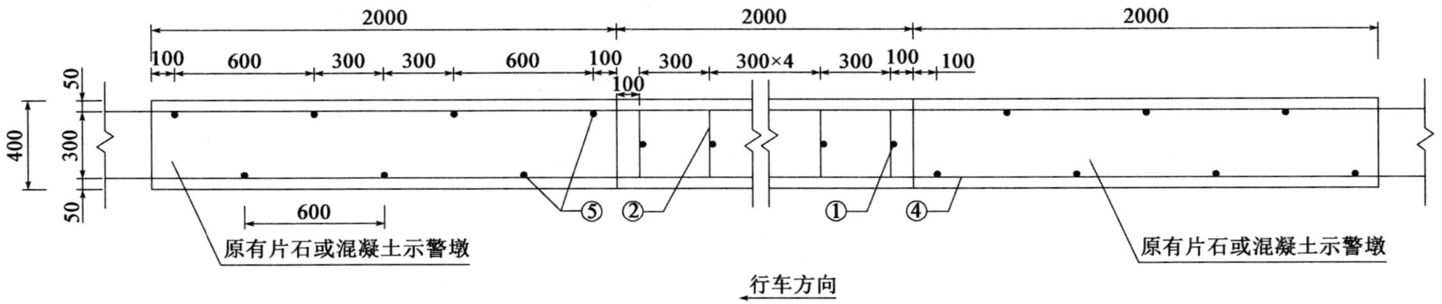

附图　2.3-1

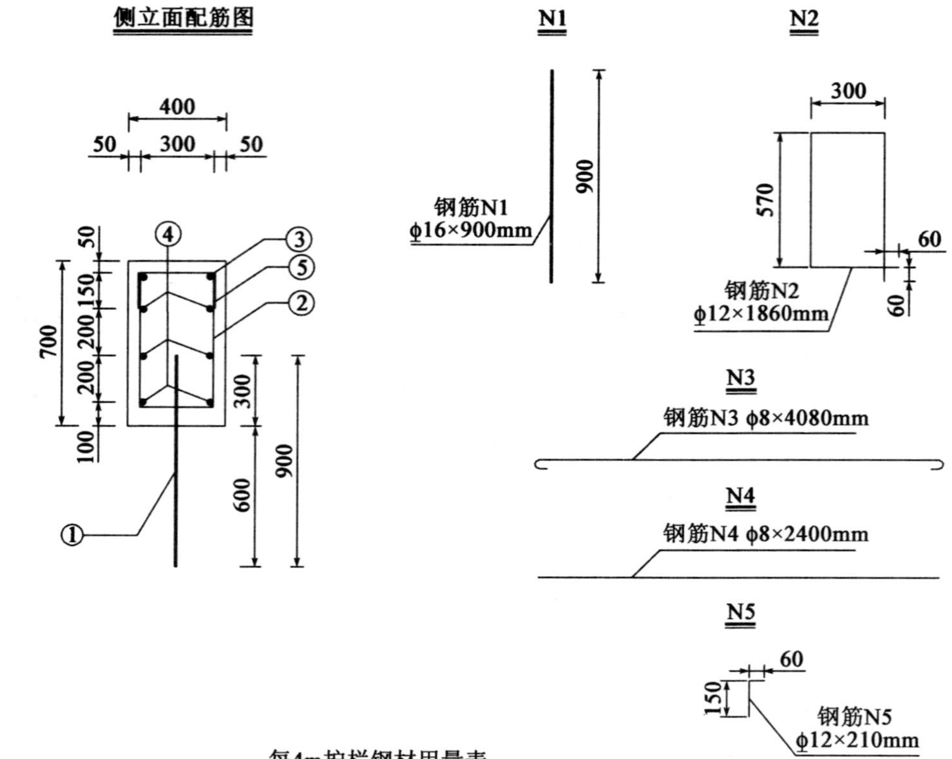

每4m护栏钢材用量表

材料		规格(mm)	数量(根)	单根长度(mm/根)	总长度(m)	单位质量(kg/m)	总质量(kg)	材质	总计(kg)	造价估算
钢筋	①	ϕ16	7	900	6.3	1.578	9.94	HRB335	32.73	140元/m
	②	ϕ12	7	1860	13.02	0.888	11.56	HRB335		
	③	ϕ8	2	4080	8.16	0.395	3.22	HPB300		
	④	ϕ8	6	2400	14.4	0.395	5.69	HPB300		
	⑤	ϕ12	7	210	1.47	0.888	2.32	HRB335		
混凝土		C25	$0.64m^3$							

附图 2.3-1　高度 600mm 的示警墩提升至 C 级护栏配筋示意图(尺寸单位:mm)

注:1. 1 号为ϕ 16 钢筋,2 号、5 号为ϕ 12 钢筋,3 号、4 号为ϕ 8 钢筋。

2. 造价以实际工程施工图设计的预算为准。

高度 400mm 的示警墩提升至 C 级护栏如附图 2. 3-2 所示。

立面配筋图

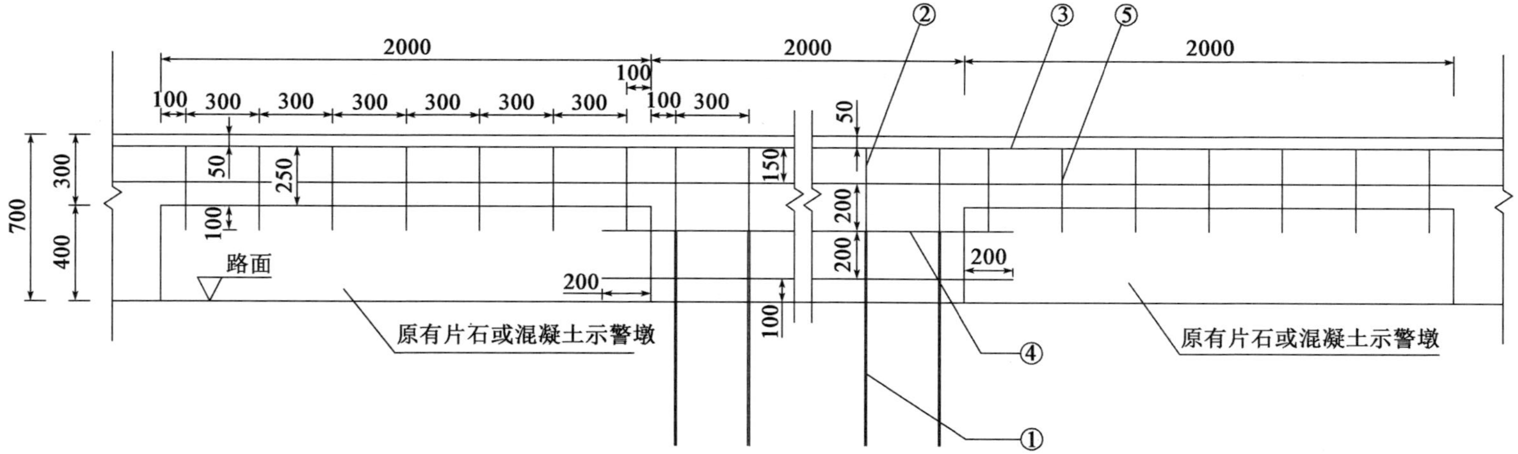

平面配筋图

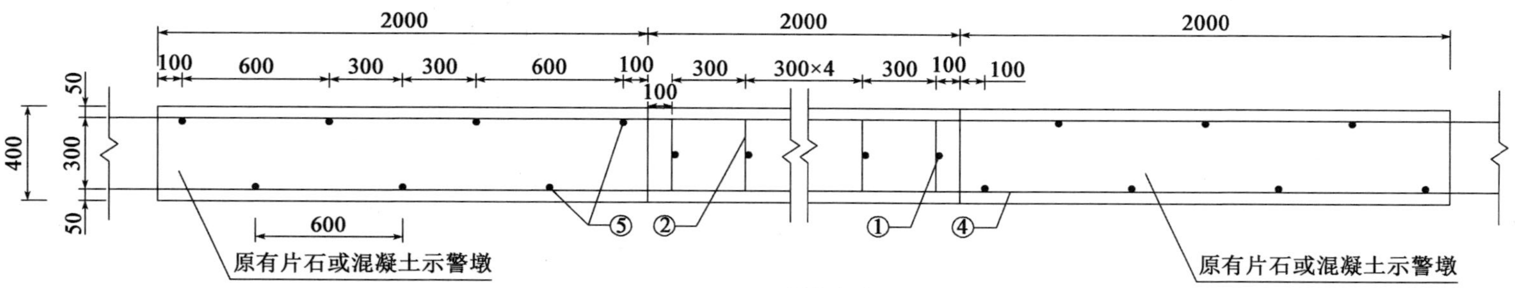

附图 2. 3-2

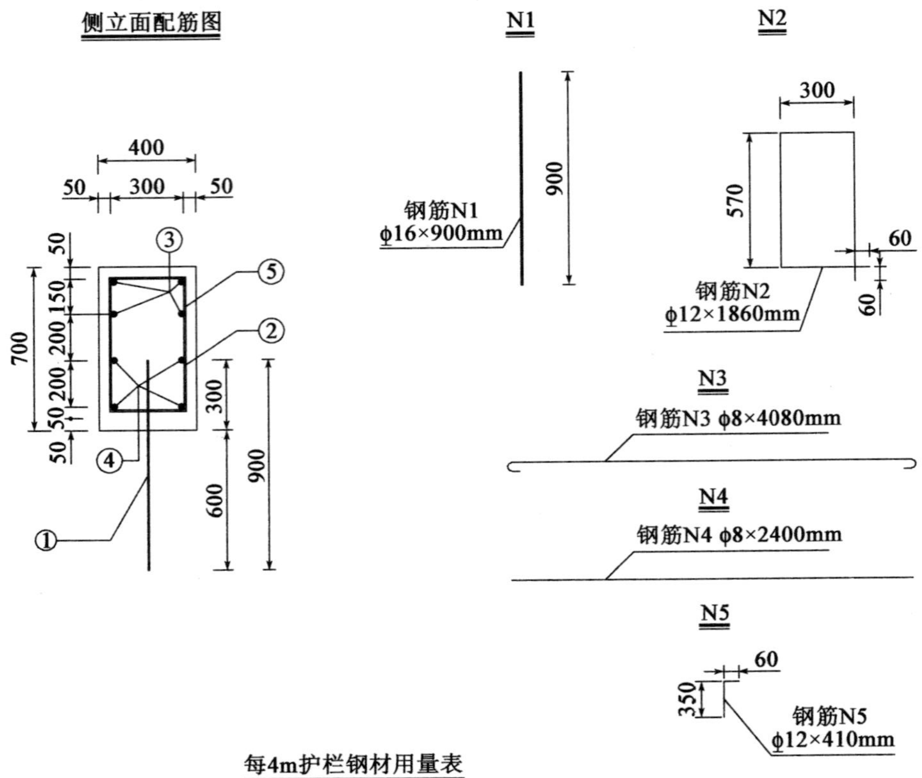

每4m护栏钢材用量表

材料		规格(mm)	数量(根)	单根长度(mm/根)	总长度(m)	单位质量(kg/m)	总质量(kg)	材质	总计(kg)	造价估算
钢筋	①	ϕ16	7	900	6.3	1.578	9.94	HRB335	36.27	165元/m
	②	ϕ12	7	1860	13.02	0.888	11.56	HRB335		
	③	ϕ8	4	4080	16.32	0.395	6.45	HPB300		
	④	ϕ8	4	2400	9.6	0.395	3.79	HPB300		
	⑤	ϕ12	7	410	2.87	0.888	4.53	HRB335		
混凝土		C25	$0.8m^3$							

附图 2.3-2　高度 400mm 的示警墩提升至 C 级护栏配筋示意图(尺寸单位:mm)

注:1. 1 号为ϕ 16 钢筋,2 号、5 号为ϕ 12 钢筋,3 号、4 号为ϕ 8 钢筋。

2. 造价以实际工程施工图设计的预算为准。

附录 2.4　C 级波形梁钢护栏

C 级波形梁钢护栏一般结构(打入式基础)如附图 2.4-1 所示。

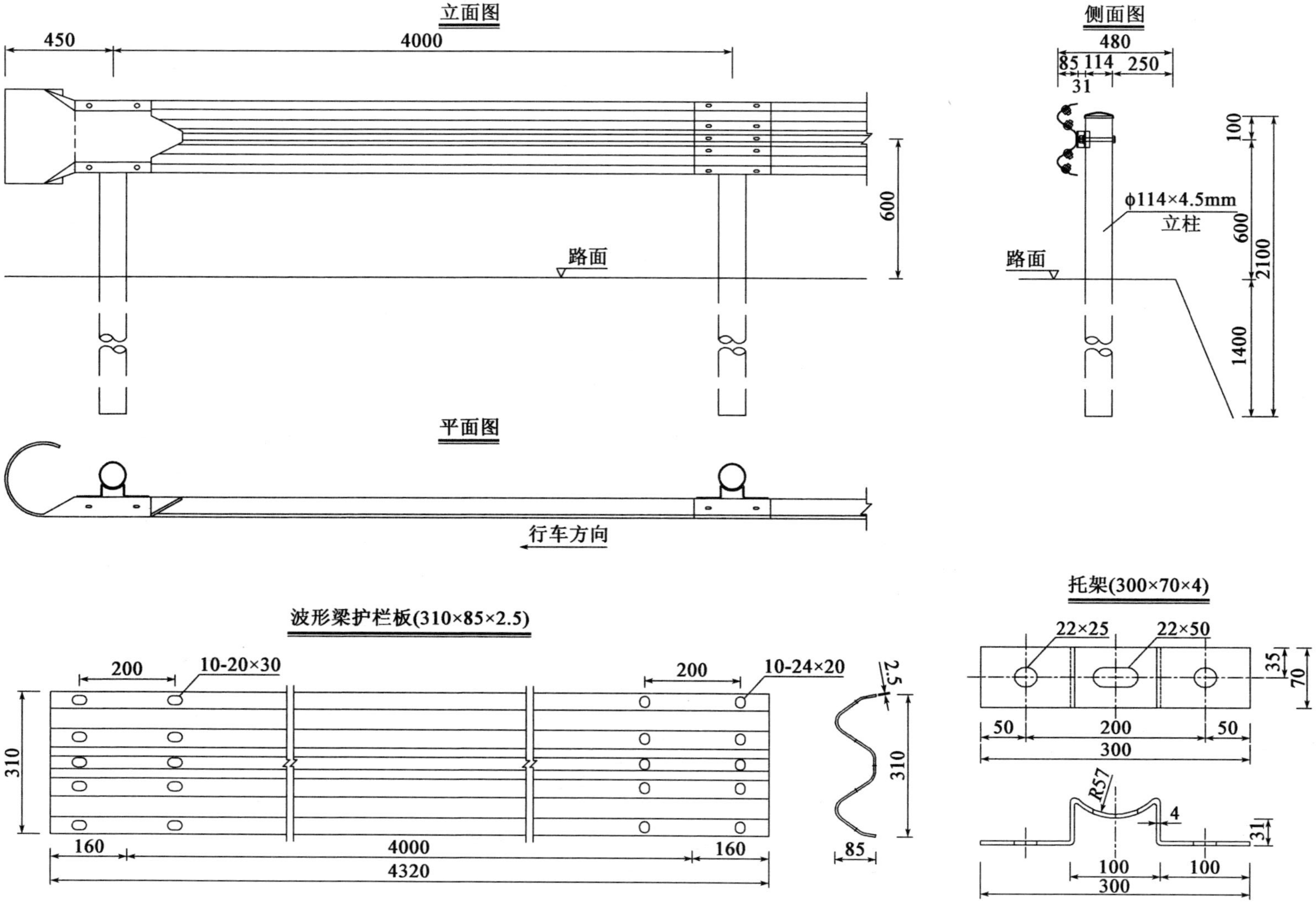

附图 2.4-1　C级波形梁钢护栏一般结构图(打入式基础)(尺寸单位：mm)

C 级波形梁钢护栏一般结构(混凝土基础)如附图 2.4-2 所示。

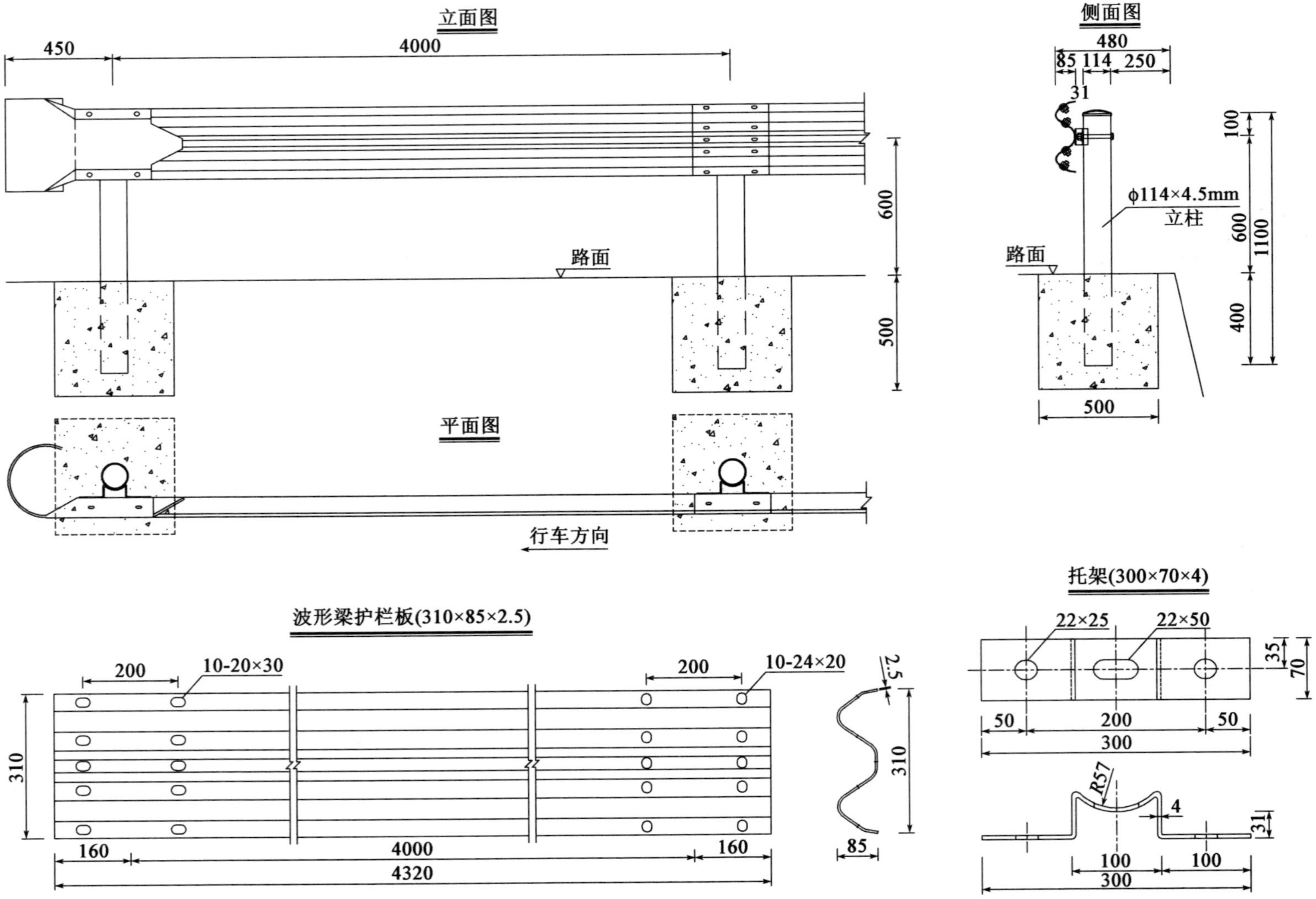

附图 2.4-2　C 级波形梁钢护栏一般结构图(混凝土基础)(尺寸单位:mm)

附录 2.5　B 级波形梁钢护栏

B 级波形梁钢护栏一般结构(打入式基础)如附图 2.5-1 所示。

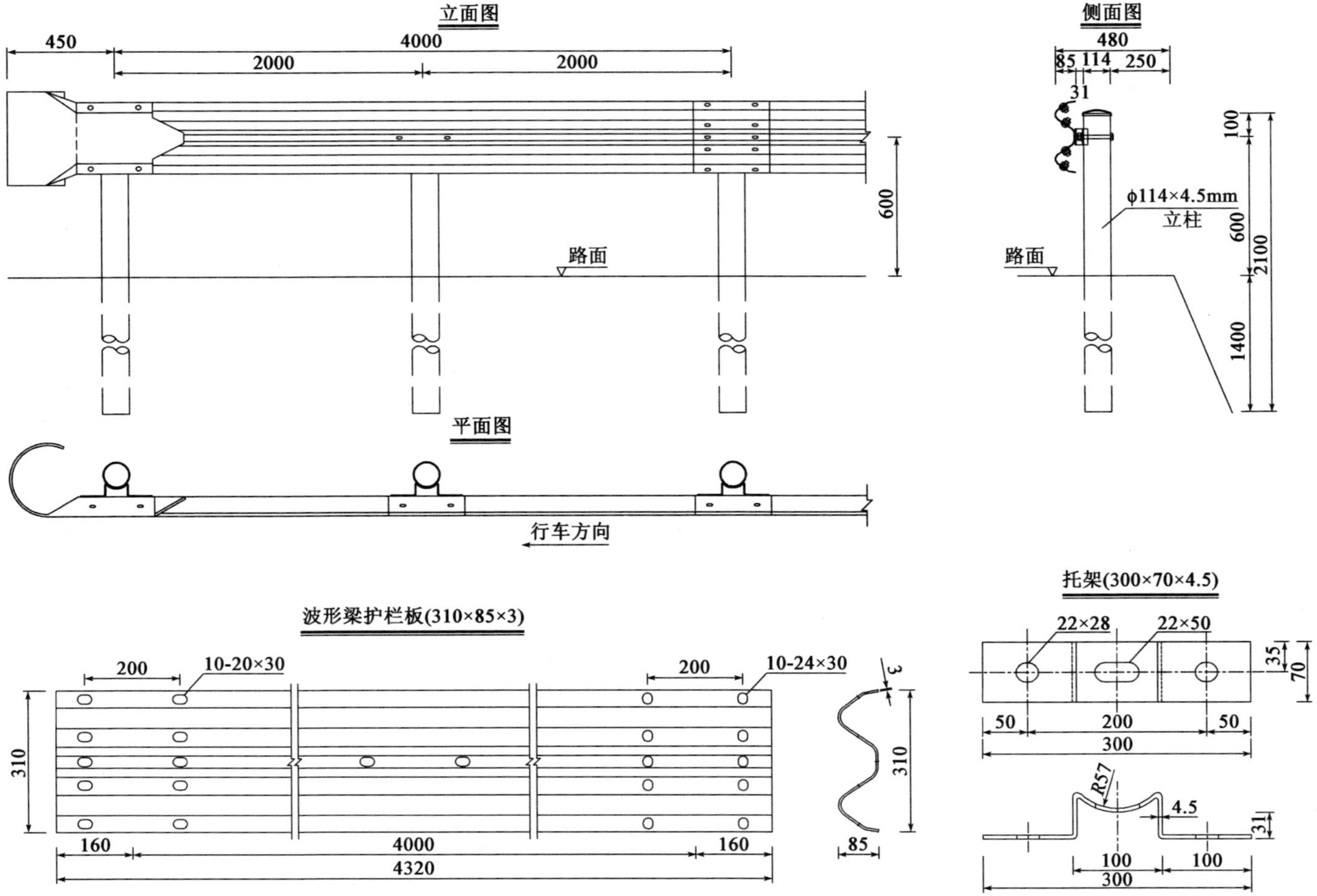

附图 2.5-1　B 级波形梁钢护栏一般结构图(打入式基础)(尺寸单位:mm)

注:为方便旧护栏板再利用,波形梁板长度规格可以为 4320mm 或 2320mm。

B 级波形梁钢护栏一般结构(混凝土基础)如附图 2.5-2 所示。

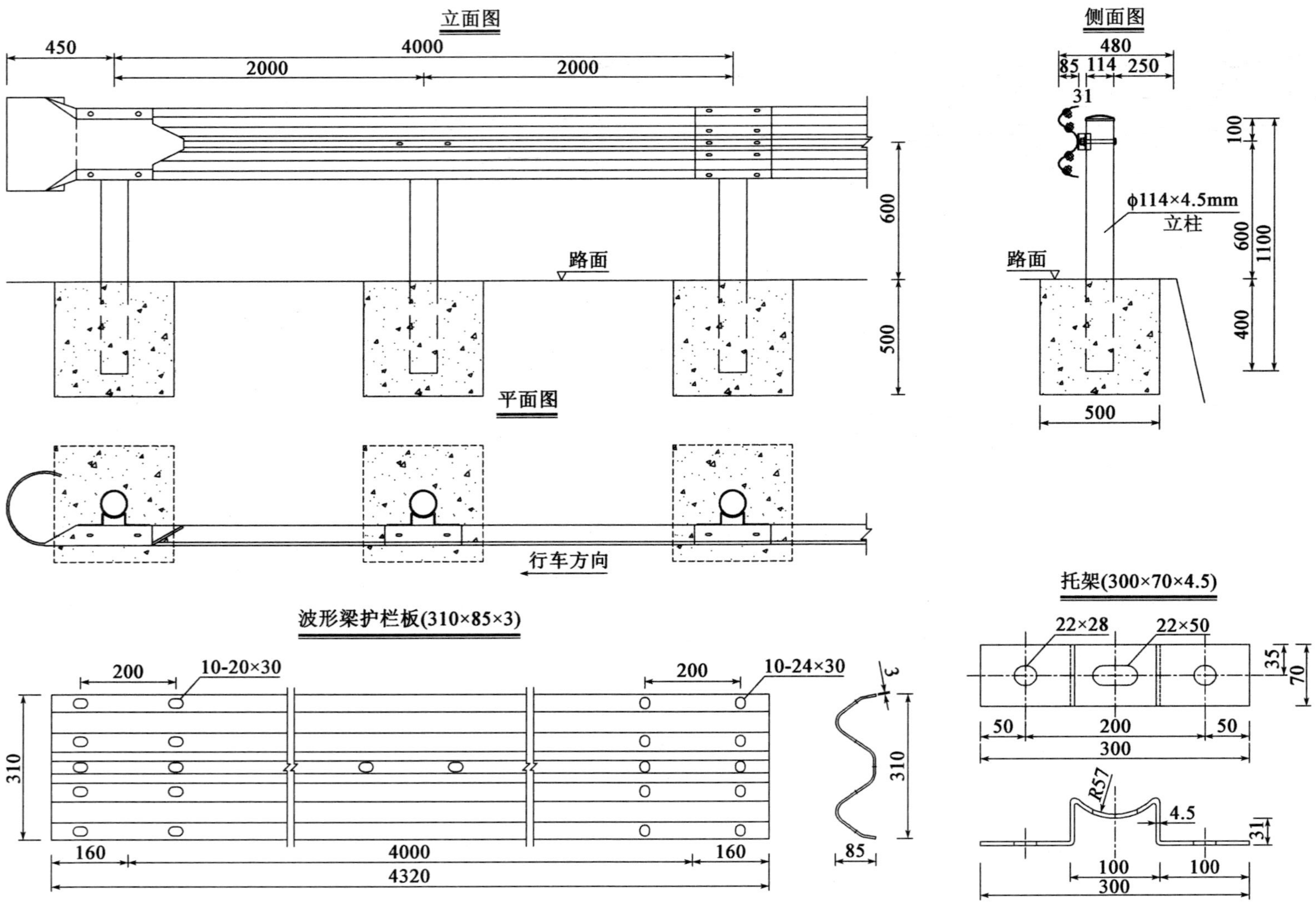

附图 2.5-2　B 级波形梁钢护栏一般结构图(混凝土基础)(尺寸单位:mm)

注:为方便旧护栏板再利用,波形梁板长度规格可以为 4320mm 或 2320mm。

附录 2.6　B 级薄壁钢筋混凝土护栏

B 级薄壁钢筋混凝土护栏一般结构如附图 2.6-1 所示。

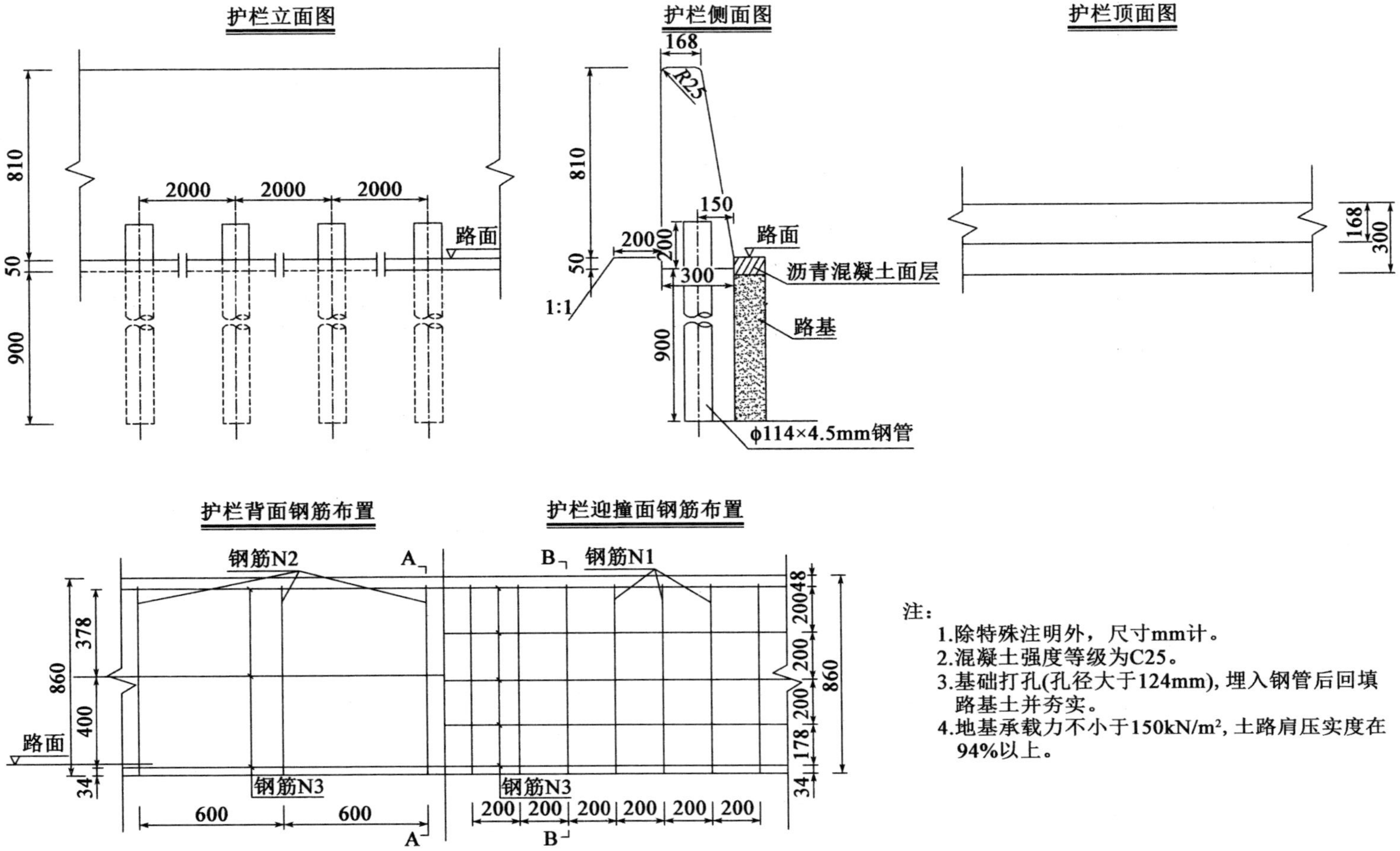

注：
1.除特殊注明外，尺寸mm计。
2.混凝土强度等级为C25。
3.基础打孔(孔径大于124mm)，埋入钢管后回填路基土并夯实。
4.地基承载力不小于150kN/m²，土路肩压实度在94%以上。

附图 2.6-1　B 级薄壁钢筋混凝土护栏一般结构图

B 级薄壁钢筋混凝土护栏配筋如附图 2.6-2 所示。

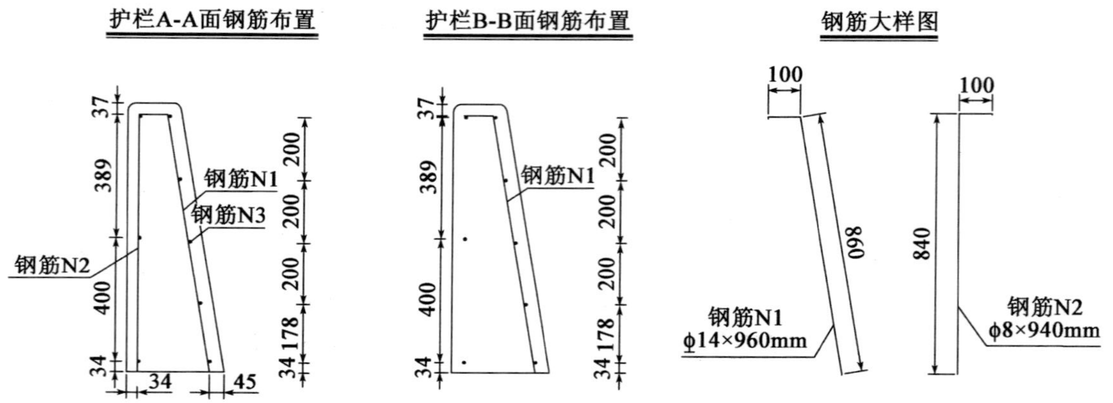

材料数量表(每20m)

编号	规格	单根质量(kg/根)	数量(根)	总质量(kg)
钢筋N1	φ14×960mm	1.162	100	87.15
钢筋N2	φ8×940mm	0.372	33	9.30
钢筋N3	φ8×20500mm	7.901	8	63.21
传力杆	φ25×402mm	1.55	4	6.19
钢管	φ114×1100×4.5mm	13.37	10	133.7
混凝土	C25	$4.09m^3$		

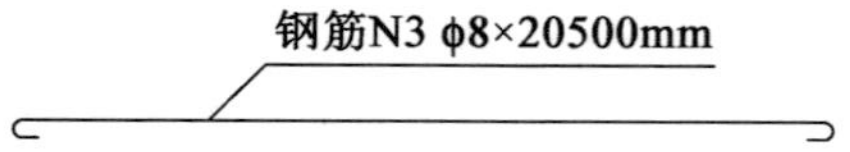

注：

1.连接时采用铅丝绑扎，钢筋的混凝土保护层厚度为30mm。
2.每20m设置一条伸缩缝，缝宽20mm，用泡沫塑料填充，并用4根φ25热镀锌钢传力杆相连(居中，第一根距顶部100mm，每间隔200mm布置1根)，两端埋入护栏200mm。
3.每5m设置一条假缝，缝宽20mm，深度10mm。
4.除特殊注明外，本图尺寸以毫米(mm)计。

附图 2.6-2　B 级薄壁钢筋混凝土护栏配筋图

附录 2.7　B 级片石混凝土护栏

B 级片石混凝土护栏如附图 2.7-1 所示。

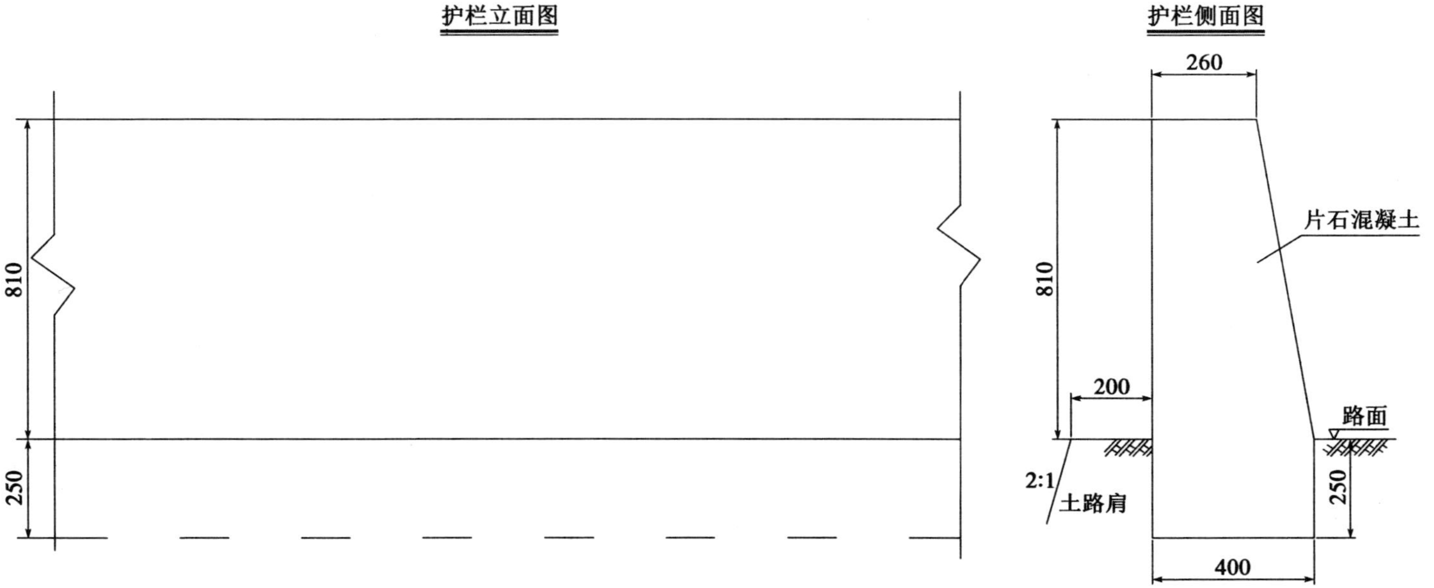

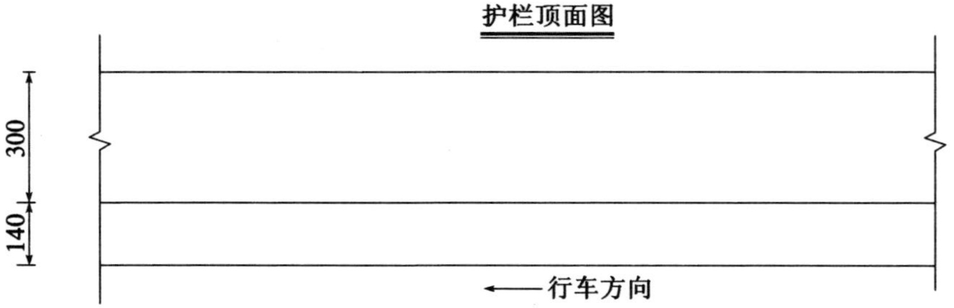

注：

1. 本图单位为mm。
2. 片石混凝土为混凝土中掺入不多于其体积20%的片石，混凝土强度等级为C25，片石强度等级为MU30。
3. 每15m护栏应设置一条伸缩缝，缝宽20mm，用泡沫塑料填充，并用2根ϕ25热镀锌钢传力杆加套管相连(居中，第一根距顶部100mm，间隔400mm布置另一根)，两端埋入护栏500mm，每3m设置一条假缝。

附图 2.7-1　B 级片石混凝土护栏

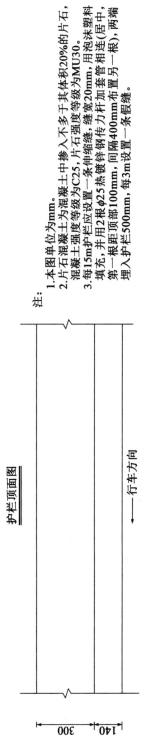

附录 2.8 B 级钢丝网石砌护栏

B 级钢丝网石砌护栏如附图 2.8-1 ~ 附图 2.8-3 所示。

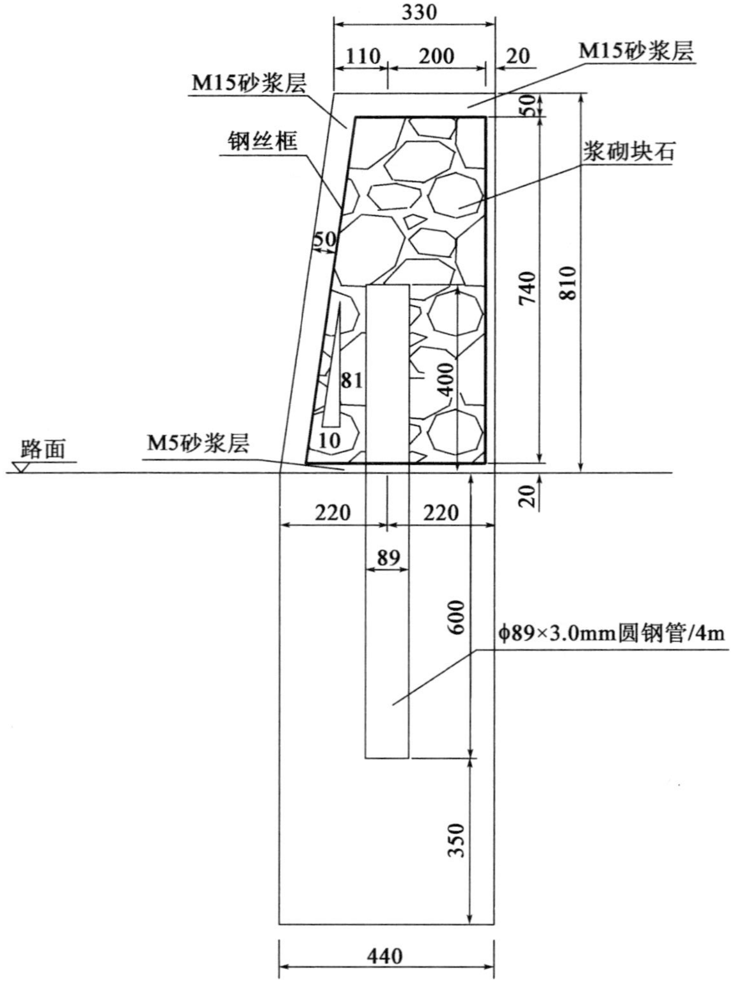

材料数量表(每20m)

名称	规格	数量
钢丝网孔	75×50×4mm	32.25m²
钢管	ϕ89×3.0×1200mm	32.2kg
铁丝	8号	109.96m
砂浆	M15	1.41m³
砂浆	M5	0.15m³
块石	>15cm	4.68m³

注:
1. 本图尺寸除注明外,其余均以mm为单位。
2. 钢丝网石砌护栏内钢丝框由前后两片钢丝网和上下两层连接铁丝组成。
3. 护栏应选用大于15cm的石块和M15砂浆砌筑。
4. 护栏下面铺20mm厚M5砂浆层。
5. 护栏迎撞面和顶面抹50mm厚M15砂浆层,护栏非迎撞面抹30mm厚M15砂浆层。
6. 护栏最小设置长度为15m。
7. 钢管桩间距4m。
8. 每隔2m设置泄水孔一道,泄水孔的位置可适当调整使其避开基础钢管。

附图2.8-1 B级钢丝网石砌护栏一般结构图

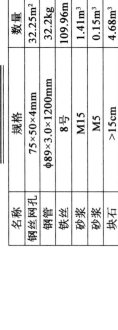

钢丝网一般构造图

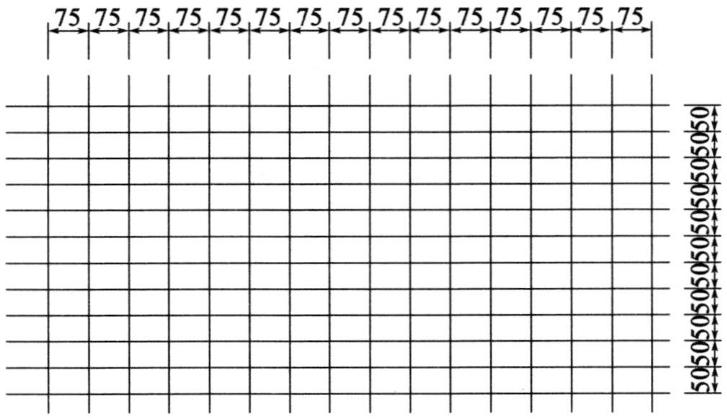

钢丝框截面

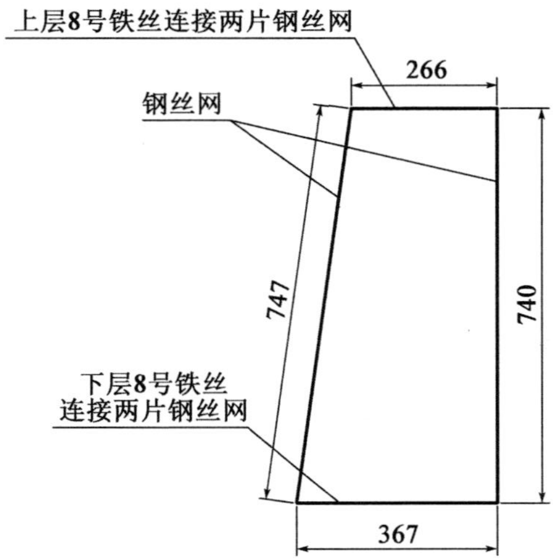

钢丝框俯视图

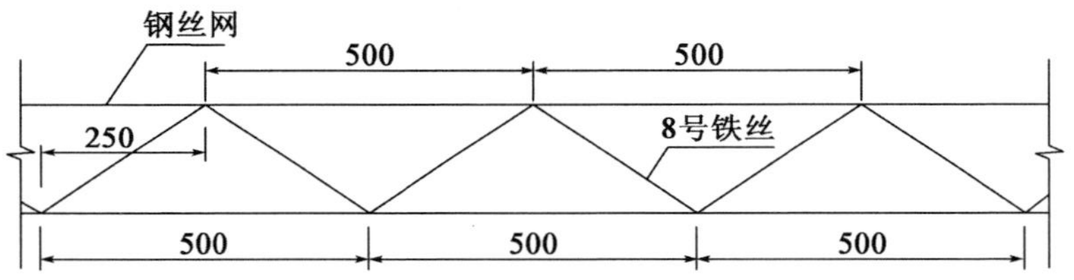

注：
1.本图尺寸除注明外，其余均以mm为单位。
2.组成钢丝网的钢丝直径为4mm。
3.每片钢丝网长4.3m，在立柱处连接，连接时应搭接300mm，在搭接长度内用直径4mm钢丝绑扎或焊接，连接处强度应不小于钢丝网本身强度。
4.所用铁丝均为8号铁丝。
5.上下两层连接铁丝构造相同。

附图2.8-2　B级钢丝网石砌护栏钢丝框构造图

基础立面图

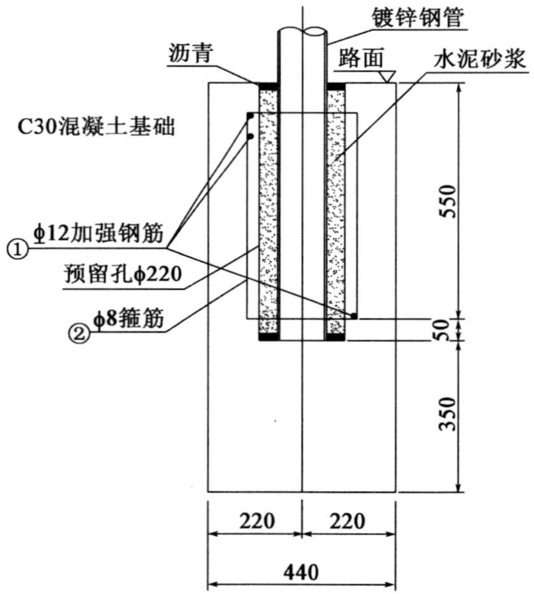

基础俯视图

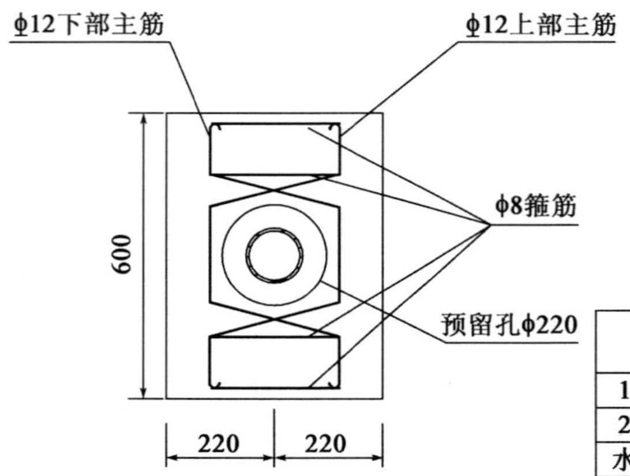

材料数量表(每个)

名称	规格	单根质量(kg/根)	数量(根)	总质量(kg)
1号钢筋	ϕ12×1270mm	1.13	3	3.38
2号钢筋	ϕ8×1740mm	0.68	4	2.72
水泥砂浆	M12		0.014m³	
C30混凝土	600×440×950mm		0.251m³	
沥青	改性公路沥青		0.001m³	

钢筋大样图

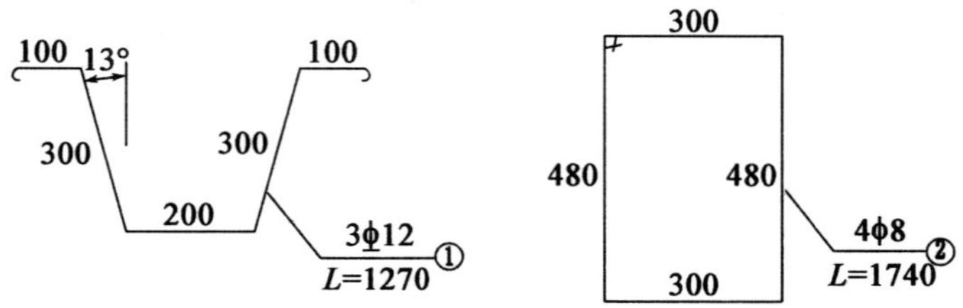

注：
1.本图尺寸均以mm计。
2.基础预留孔洞尺寸为ϕ220mm。
3.立柱安装完毕后，上下加封沥青，中间用水泥砂浆填实。
4.道路表层浮土不计入基础深度。

附图2.8-3　B级钢丝网石砌护栏基础构造图

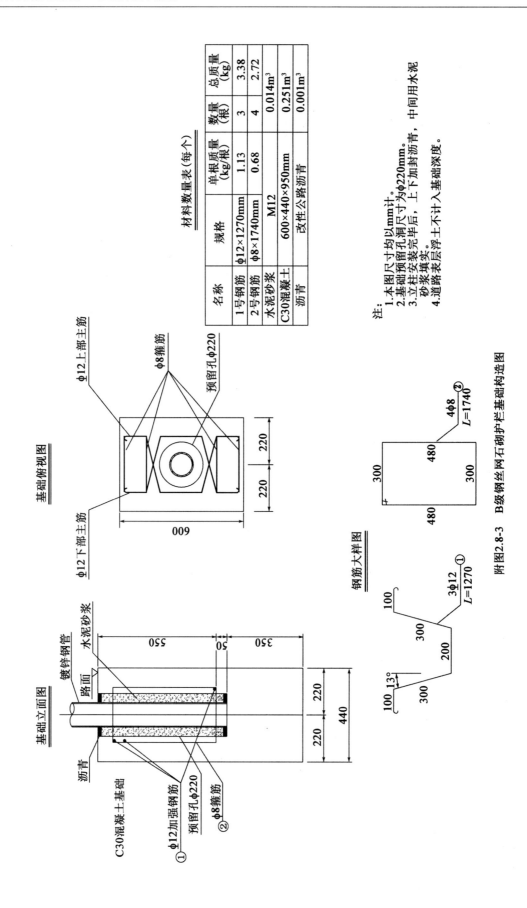

附录 2.9　B 级外挂式桥梁护栏

B 级外挂式桥梁护栏如附图 2.9-1、附图 2.9-2 所示。

护栏立面图

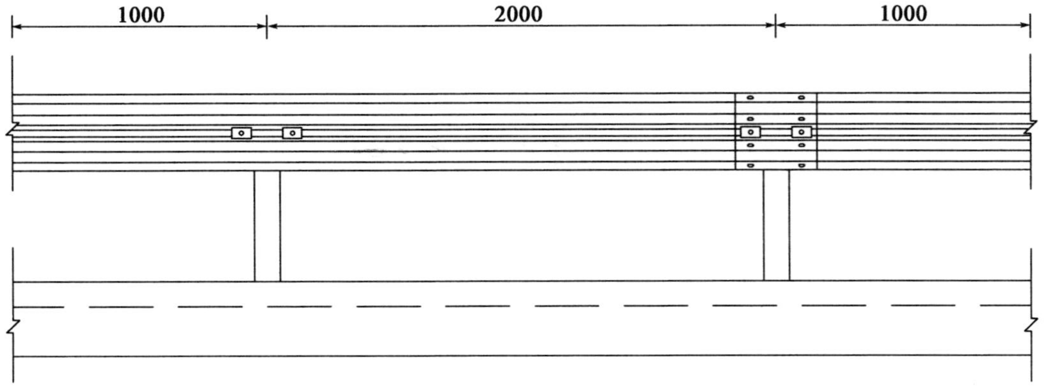

护栏平面图

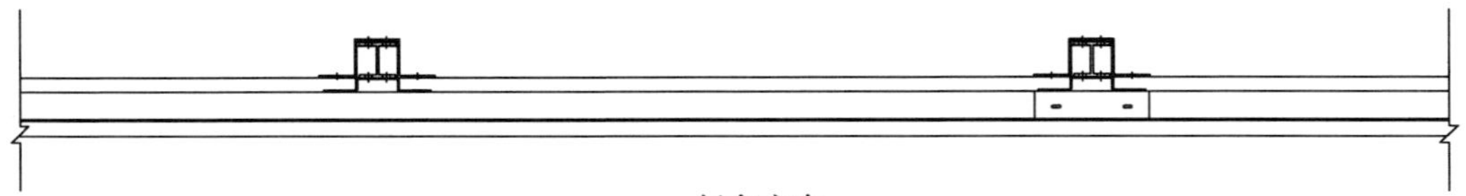

护栏侧面图

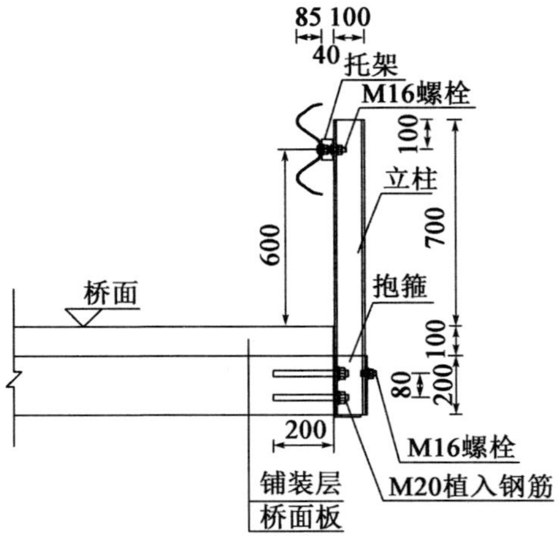

每20m护栏材料用量表

材料	规格	质量(kg)	造价估算
钢材	详见大样图	534.26	285元/m

附图 2.9-1　B 级外挂式桥梁护栏一般构造示例(尺寸单位:mm)

注:1. 本护栏可适用于窄桥路段。

2. 护栏基础外挂于桥侧,通过抱箍、螺栓与桥面板相连接。护栏板中心距桥面高度为 600mm。

3. 造价以实际工程施工图设计的预算为准。

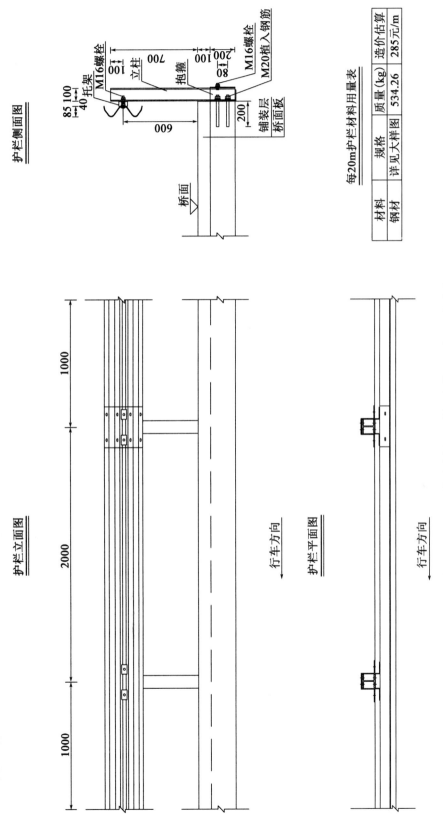

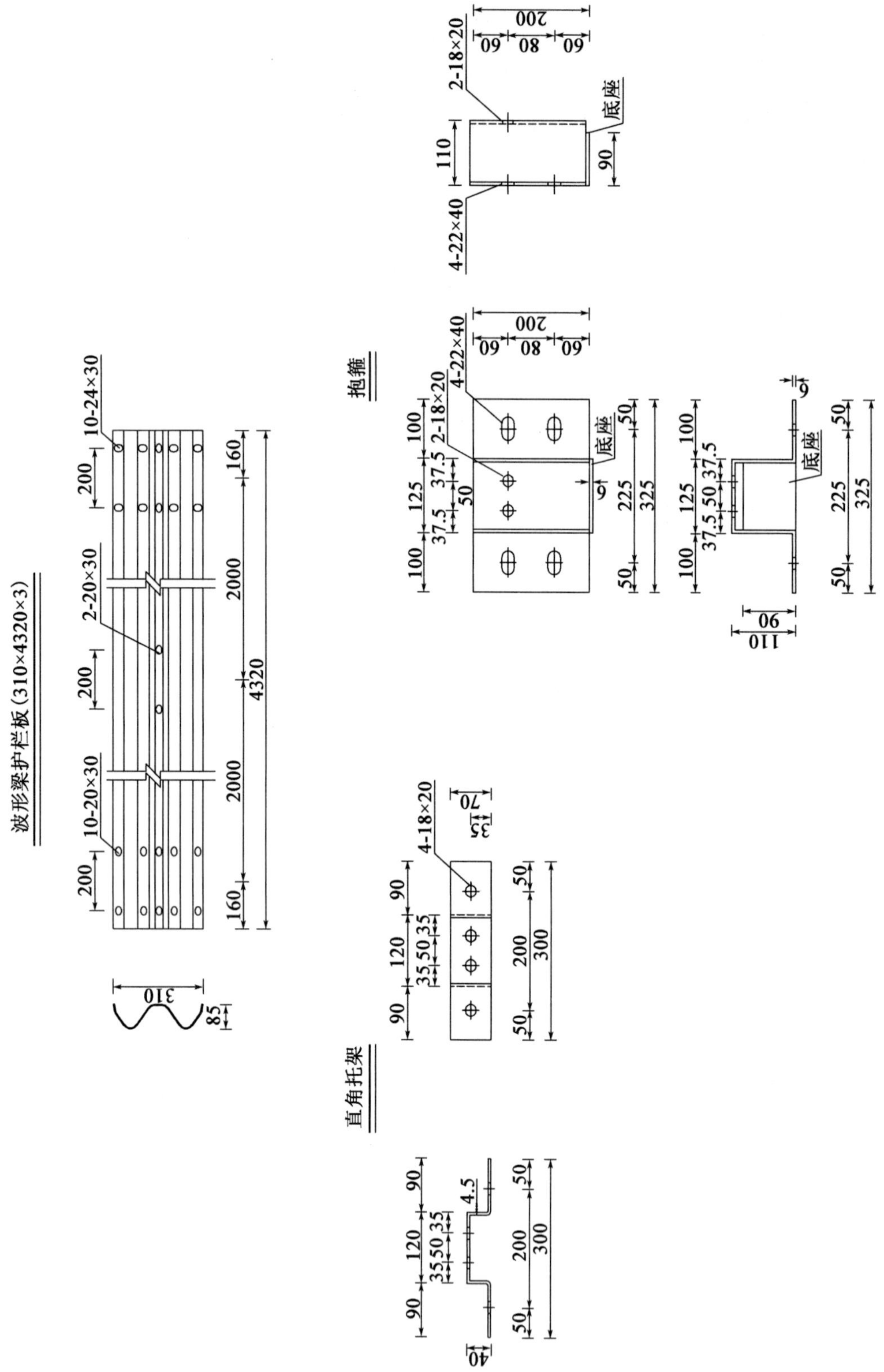
波形梁护栏板(310×4320×3)
10-24×30
2-20×30
10-20×30
抱箍
2-18×20
4-22×40
底座
直角托架
4-18×20

附图 2.9-2

立柱

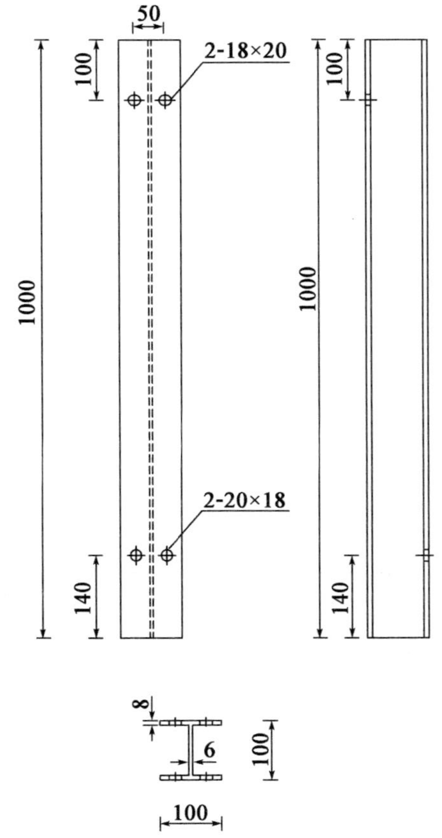

护栏钢材数量表(单侧20m长计)

序号	名称	规格	单重(kg)	数量	总重(kg)	备注
1	波形梁板	310×85×3×4320	49.08	5	245.4	Q235
2	立柱	H100×100×8×6×1000	17.2	10	172	Q235
3	抱箍	225×325×200×6	5.65	10	56.5	Q235
4	直角托架	240×340×70×4.5	0.94	10	9.4	Q235
5	拼接螺栓JI-1	M16-45	0.09	40	3.6	8.8级
6	连接螺栓JII-2	M16-45	0.09	20	1.8	45号钢
7	连接螺栓JII-3	M16-45	0.09	40	3.6	45号钢
8	防盗压紧螺母A	M16	0.062	100	6.2	45号钢
9	防盗防松螺母B	M16	0.015	100	1.5	45号钢
10	垫圈	ϕ35×4	0.024	100	2.4	45号钢
11	横梁垫片	76×44×4	0.093	20	1.86	Q235
12	植入钢筋(含螺母)	M20-250	0.75	40	30	8.8级
13	合计				534.26	

注:护栏立柱长度可根据桥面板厚度进行调整。

附图 2.9-2　B级外挂式桥梁护栏构件大样图(尺寸单位:mm)

附录 2.10 B 级梁柱式小型桥梁护栏

B 级梁柱式小型桥梁护栏如附图 2.10-1、附图 2.10-2 所示。

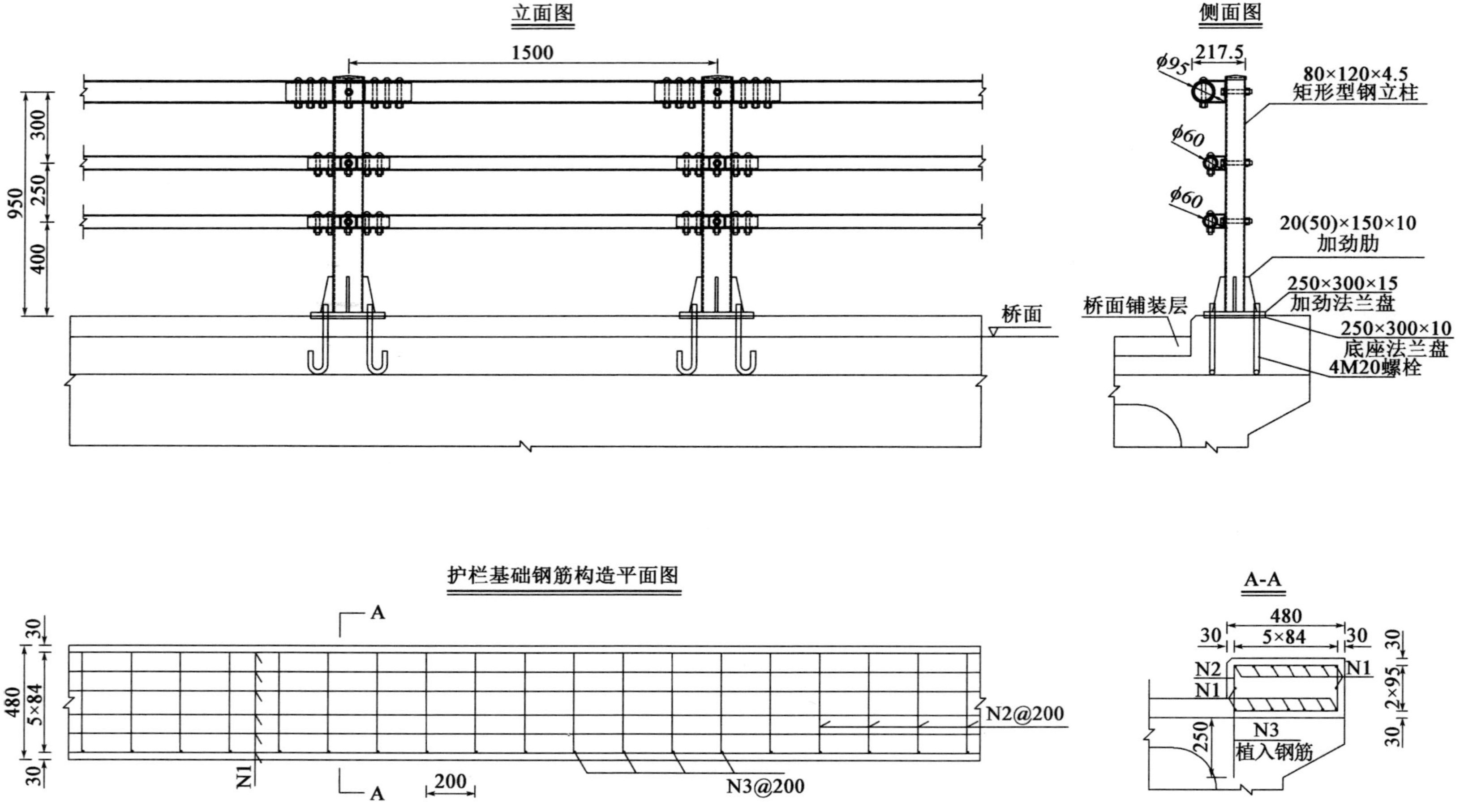

注：
1.本图尺寸以mm为单位。
2.金属构件采用热浸镀锌进行表面防腐处理，镀锌量不低于600g/m²。

附图2.10-1 B级梁柱式小型桥梁护栏一般结构图

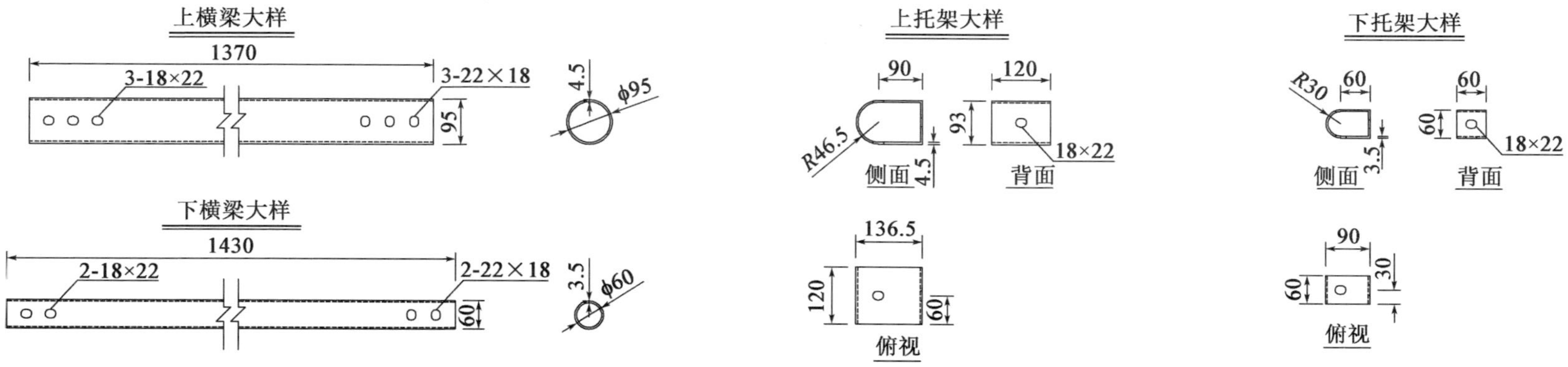

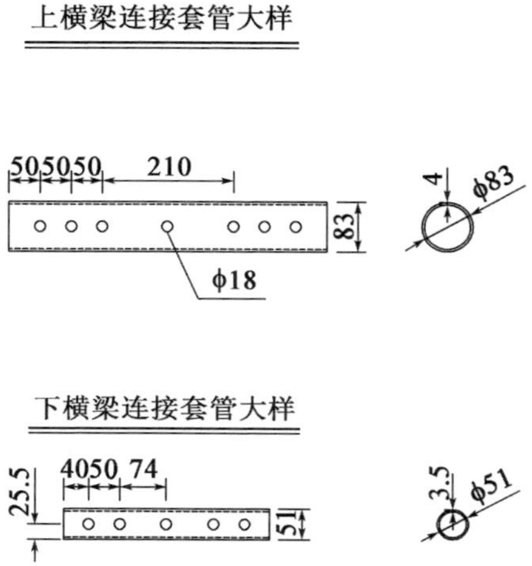

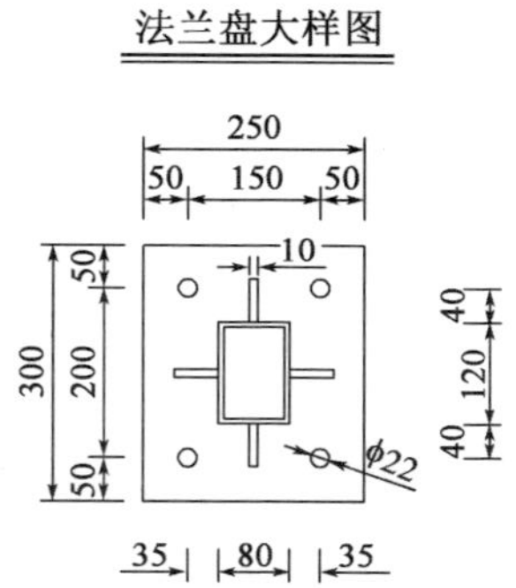

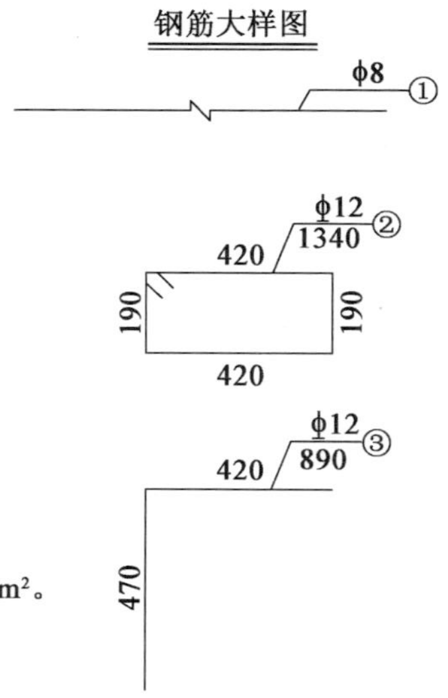

注：
1.本图尺寸以mm为单位。
2.金属构件采用热浸镀锌进行表面防腐处理,镀锌量不低于600g/m²。

附图2.10-2　B级梁柱式小型桥梁护栏构件大样图

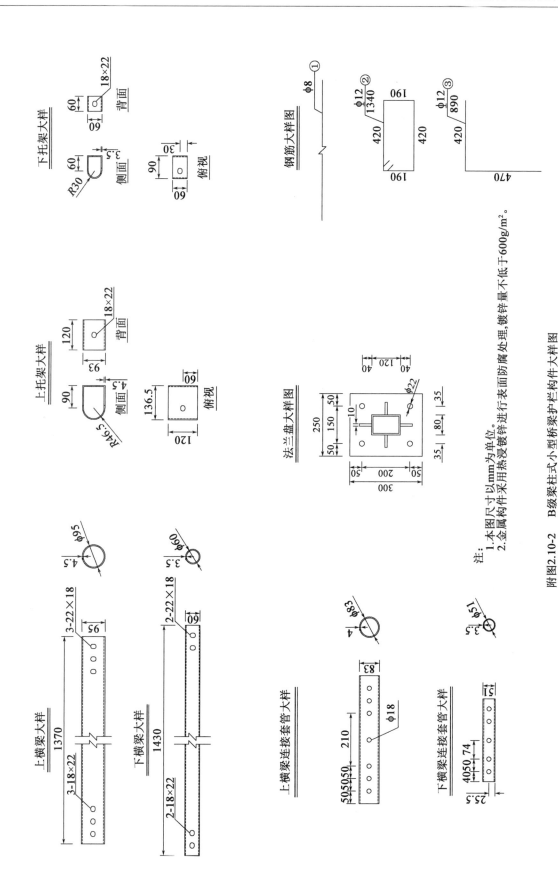

附录 2.11　A 级轻型镂空美观桥梁护栏

A 级轻型镂空美观桥梁护栏如附图 2.11-1 ~ 附图 2.11-6 所示。

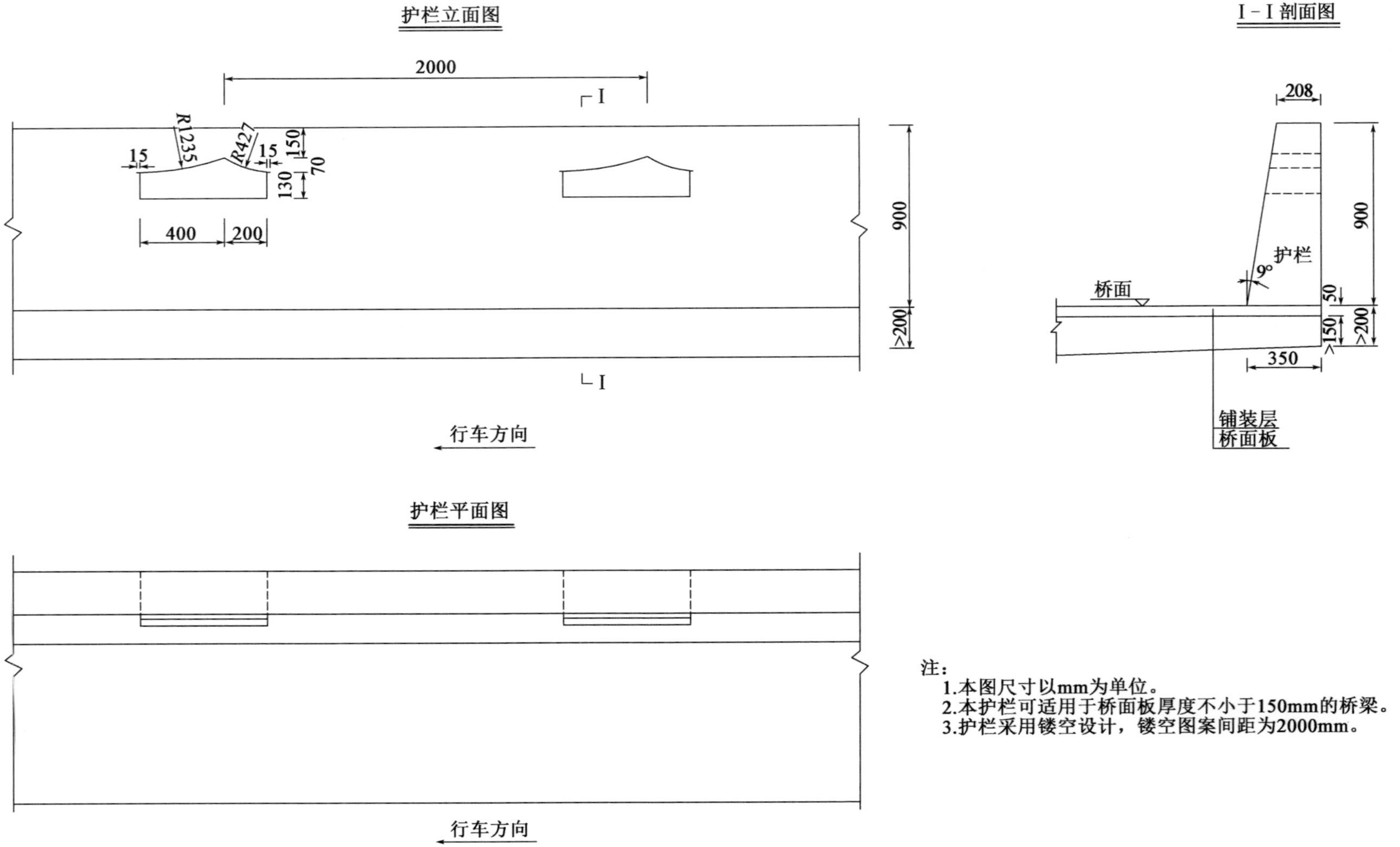

注：
1.本图尺寸以mm为单位。
2.本护栏可适用于桥面板厚度不小于150mm的桥梁。
3.护栏采用镂空设计，镂空图案间距为2000mm。

附图2.11-1　A级轻型镂空美观桥梁护栏一般结构图1

护栏立面图

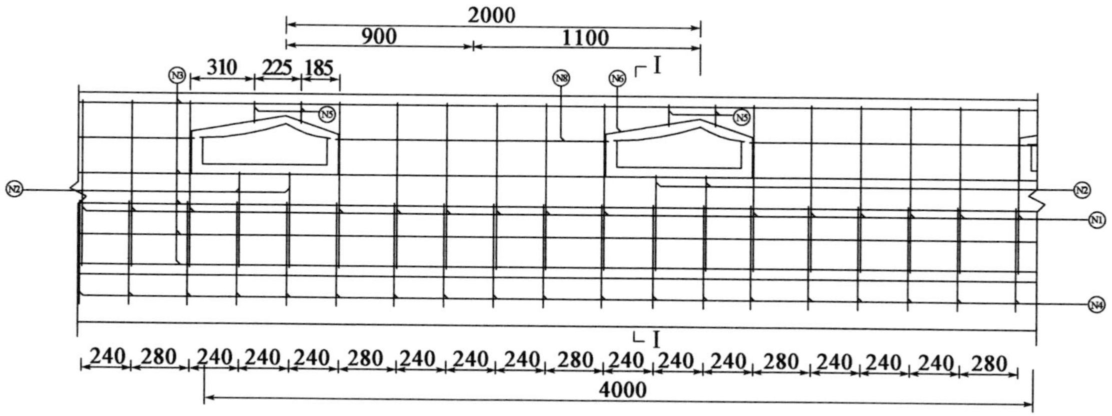

I-I 剖面图

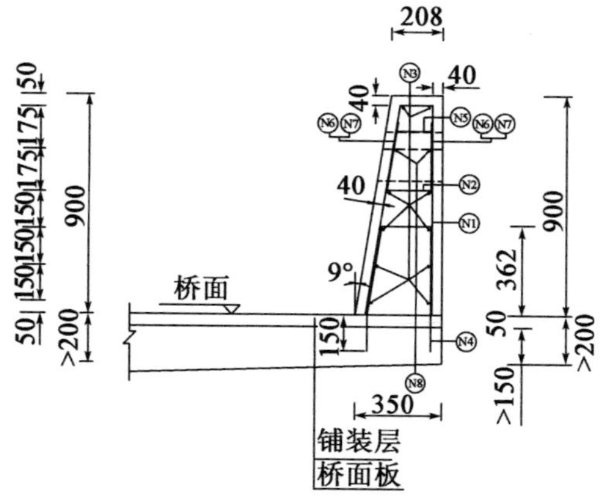

钢筋大样图

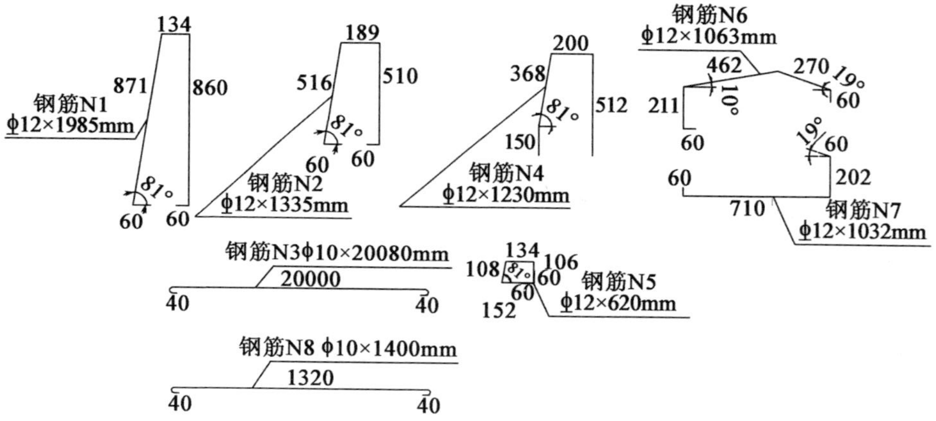

每20m护栏钢材用量表

材料		规格(mm)	数量(根)	单根长度(mm/根)	总长度(m)	单位质量(kg/m)	总质量(kg)	材质	总计(kg)
钢筋	①	ϕ12	60	1985	119.1	0.888	105.76	HRB400	406.24
	②	ϕ12	20	1335	26.7	0.888	23.71	HRB400	
	③	ϕ10	10	20080	200.8	0.617	123.89	HRB400	
	④	ϕ12	80	1230	98.4	0.888	87.38	HRB400	
	⑤	ϕ12	20	620	12.4	0.888	11.01	HRB400	
	⑥	ϕ12	20	1063	21.26	0.888	18.88	HRB400	
	⑦	ϕ12	20	1032	20.64	0.888	18.33	HRB400	
	⑧	ϕ10	20	1400	28	0.617	17.28	HRB400	
混凝土		C30	20m³						

注：
1.本图尺寸以mm为单位。
2.本护栏可适用于桥面板厚度不小于150mm的桥梁。
3.新建桥梁参照配筋图设计，既有桥梁在桥面板上植入4号钢筋，护栏钢筋与植入钢筋牢固绑扎。
4.护栏采用镂空设计，同一水平面上镂空图案间距为2000mm。

附图2.11-2　A级轻型镂空美观桥梁护栏配筋示意图1

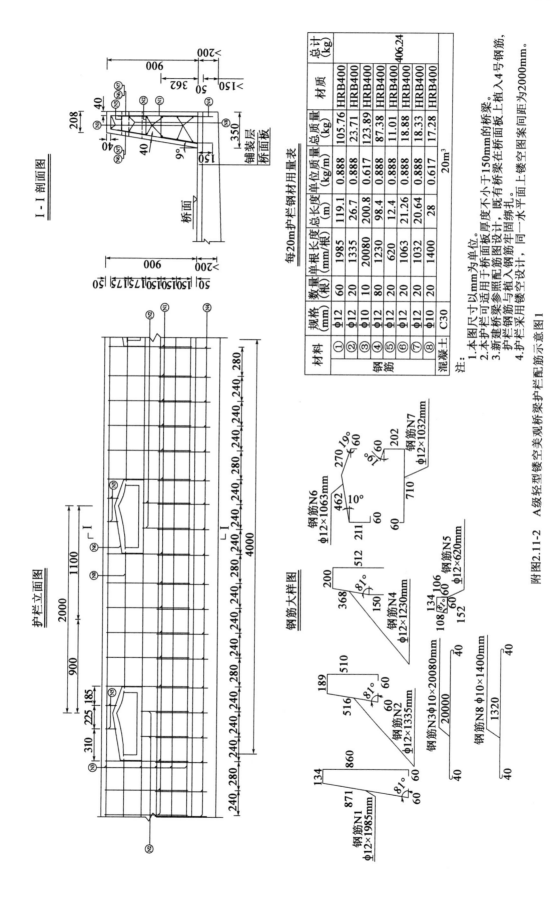

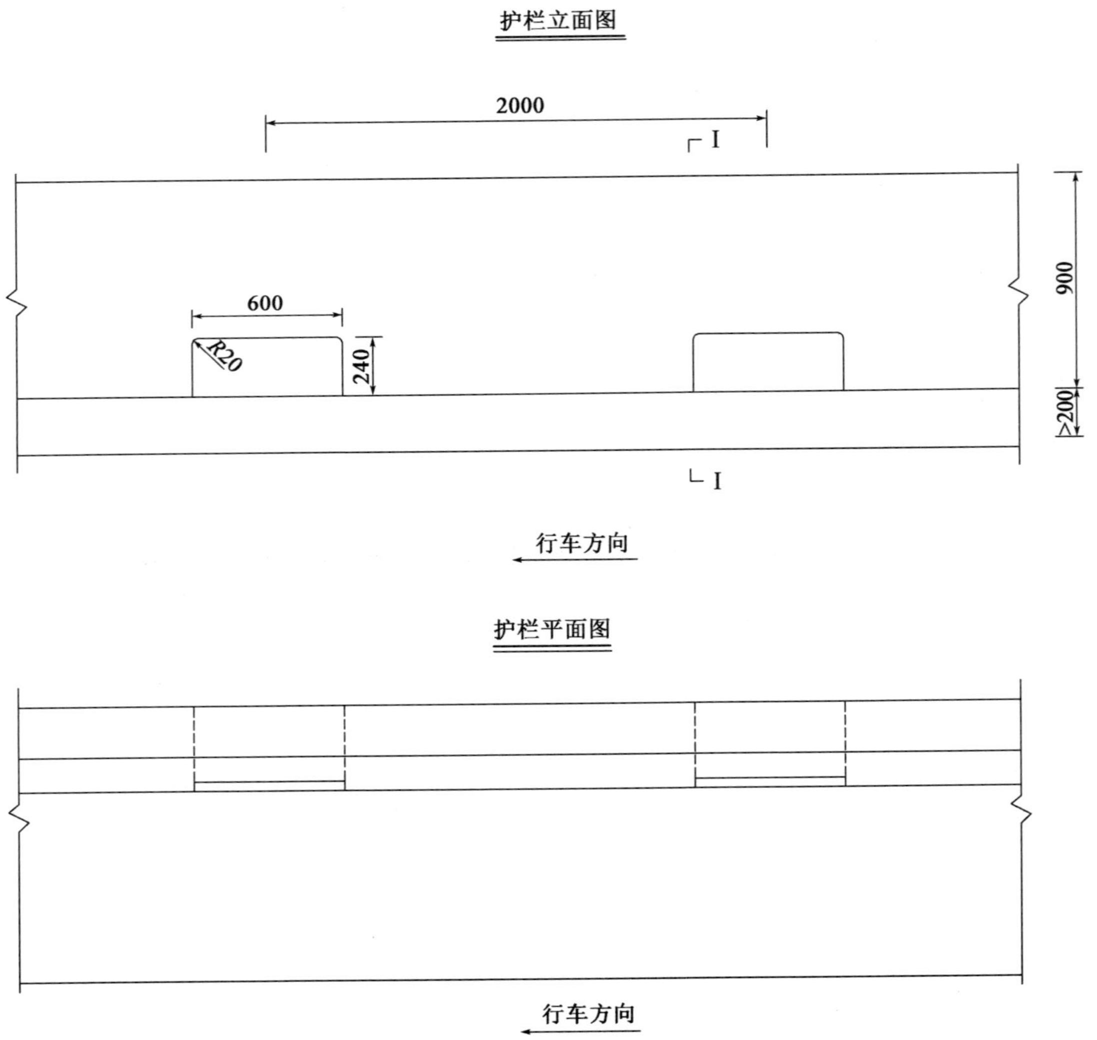

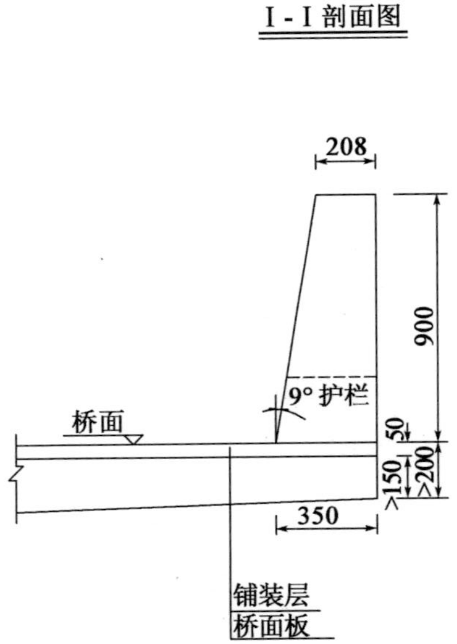

注：
1.本图尺寸以mm为单位。
2.本护栏可适用于桥面板厚度不小于150mm的桥梁。
3.护栏采用镂空设计，镂空图案间距为2000mm。

附图2.11-3　A级轻型镂空美观桥梁护栏一般结构图2

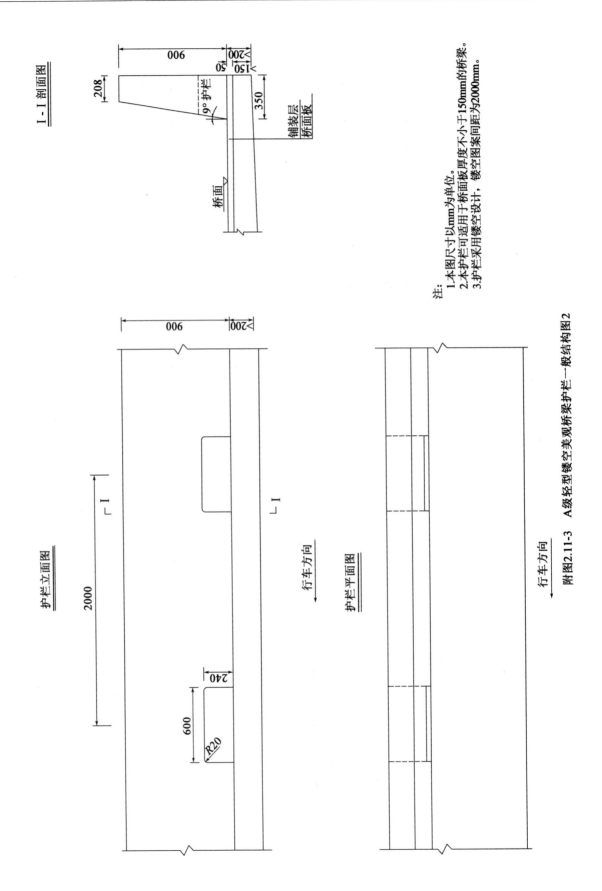

护栏立面图

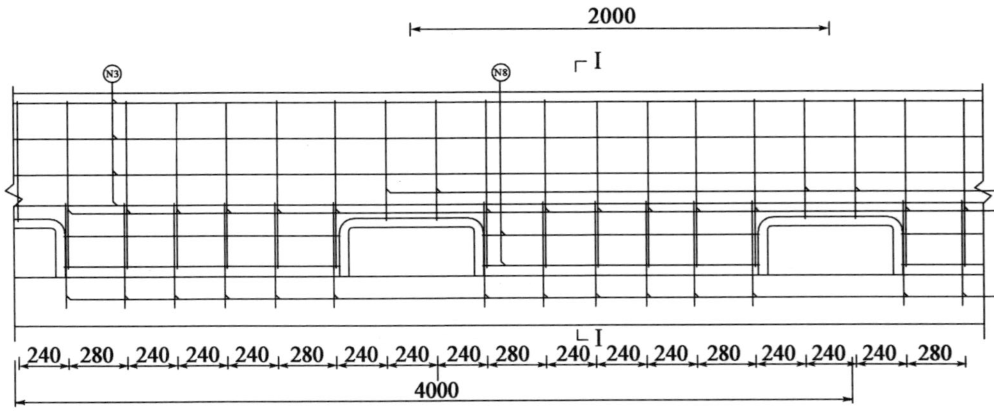

I - I 剖面图

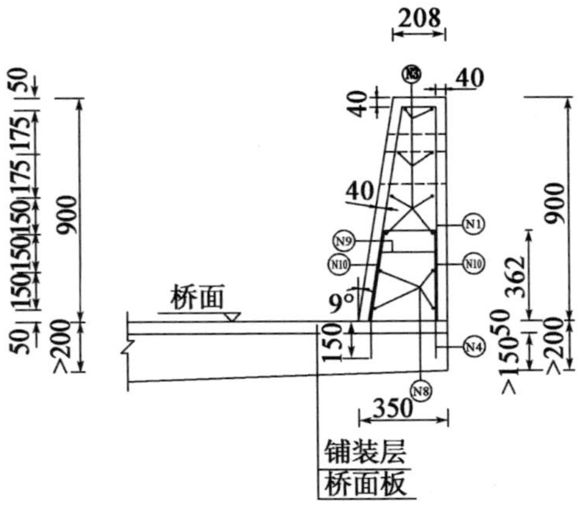

钢筋大样图

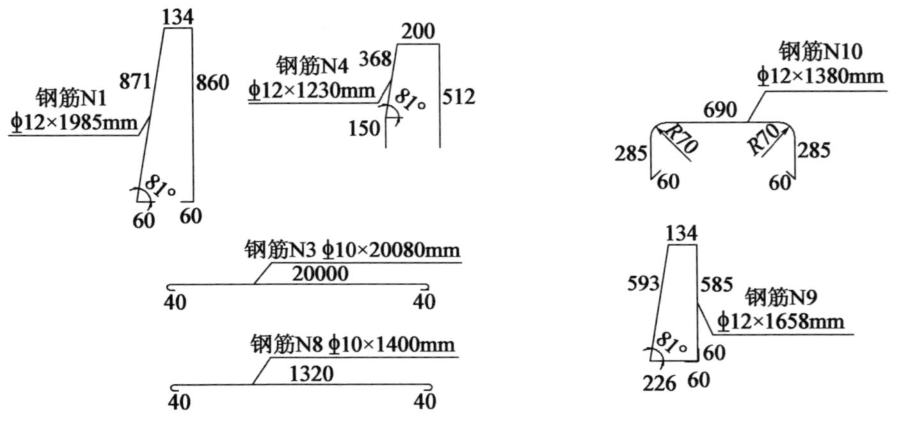

每20m护栏钢材用量表

材料		规格(mm)	数量(根)	单根长度(mm/根)	总长度(m)	单位质量(kg/m)	总质量(kg/m)	材质	总计(kg)
钢筋	①	ϕ12	60	1985	119.1	0.888	105.76	HRB400	358.92
	③	ϕ10	8	20080	160.64	0.617	99.11	HRB400	
	④	ϕ12	60	1230	73.8	0.888	65.53	HRB400	
	⑧	ϕ10	40	1400	56	0.617	34.55	HRB400	
	⑨	ϕ12	20	1658	33.16	0.888	29.45	HRB400	
	⑩	ϕ12	20	1380	27.6	0.888	24.51	HRB400	
混凝土		C30	$19m^3$						

注：
1.本图尺寸以mm为单位。
2.本护栏可适用于桥面板厚度不小于150mm的桥梁。
3.新建桥梁参照配筋图设计，既有桥梁在桥面板上植入4号钢筋，护栏钢筋与植入钢筋牢固绑扎。
4.护栏采用镂空设计，同一水平面上镂空图案间距为2000mm。

附图2.11-4　A级轻型镂空美观桥梁护栏配筋示意图2

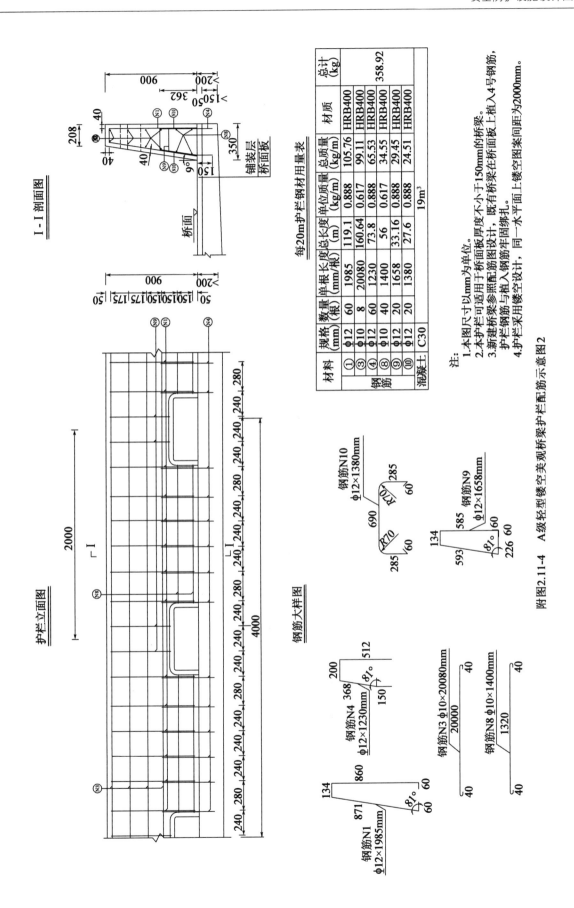

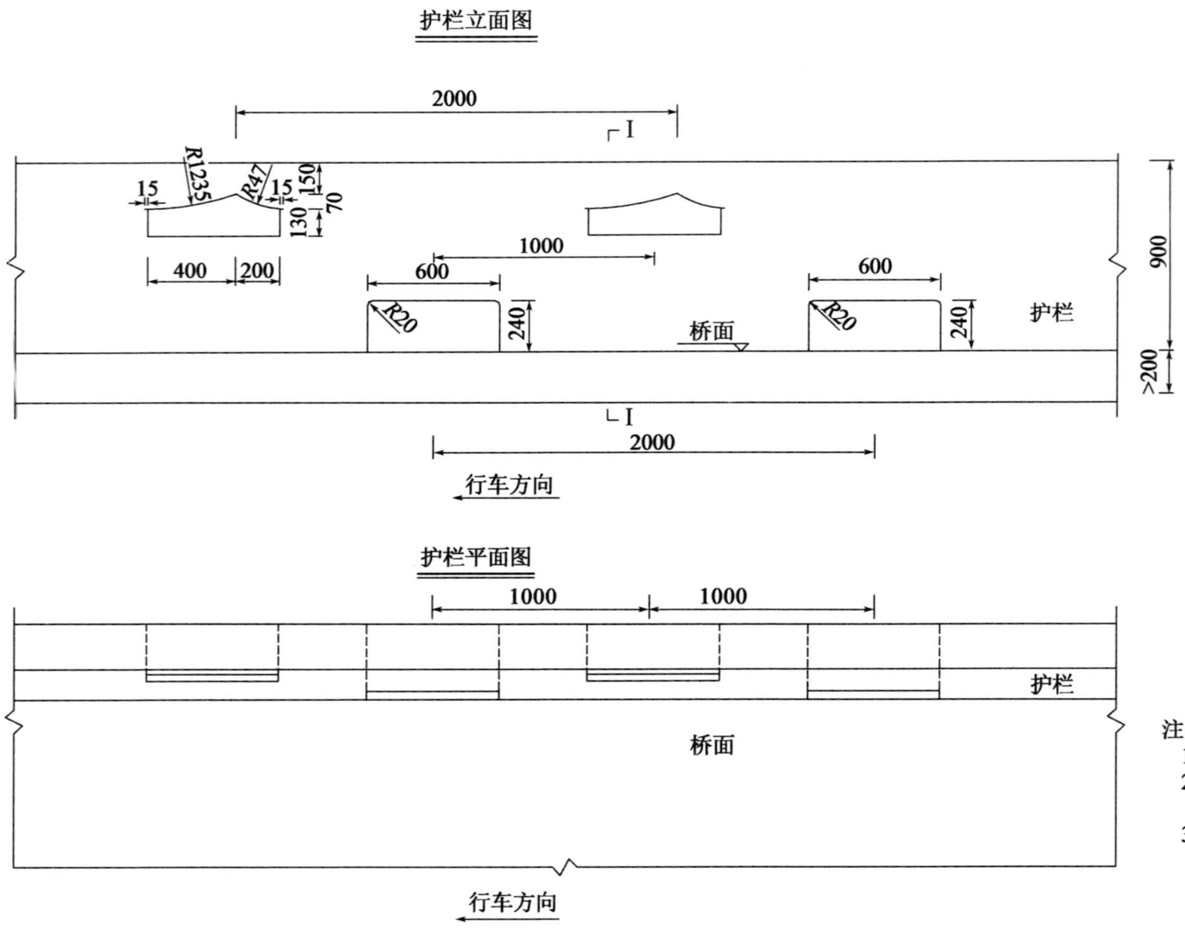

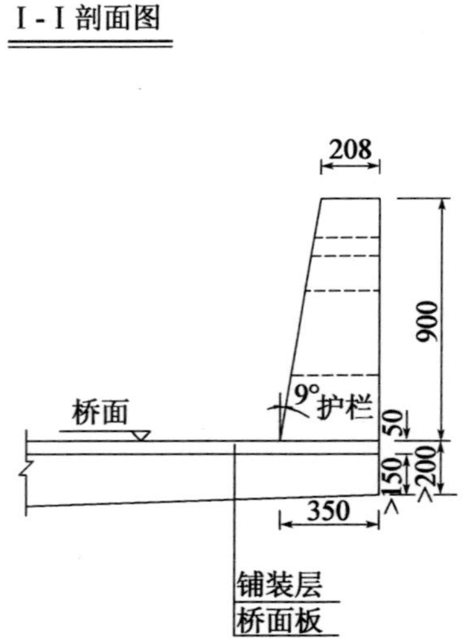

注：
1.本图尺寸以mm为单位。
2.本护栏可适用于桥面板厚度不小于150mm的桥梁。
3.护栏采用镂空设计，同一水平面上镂空图案间距为2000mm。

附图2.11-5　A级轻型镂空美观桥梁护栏一般结构图3

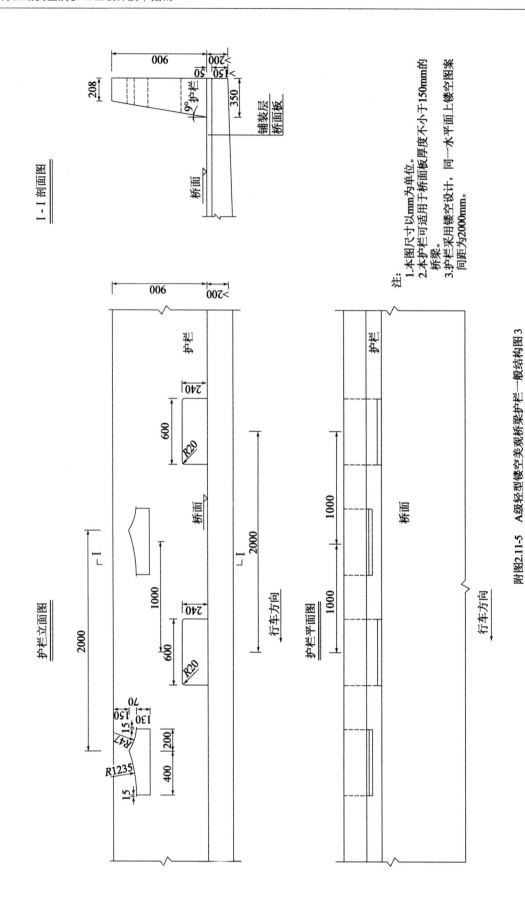

护栏立面图

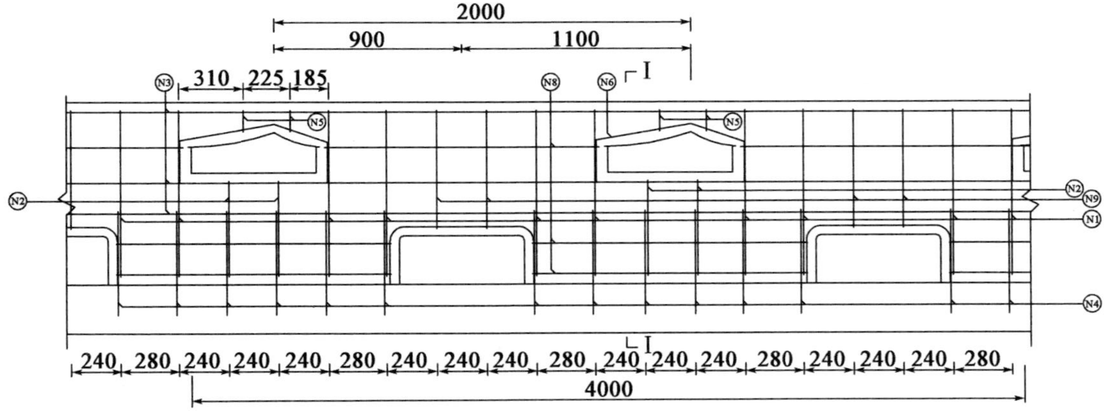

I - I 剖面图

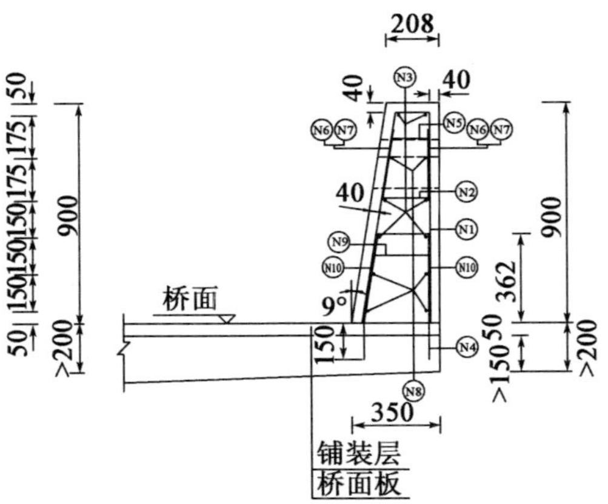

钢筋大样图

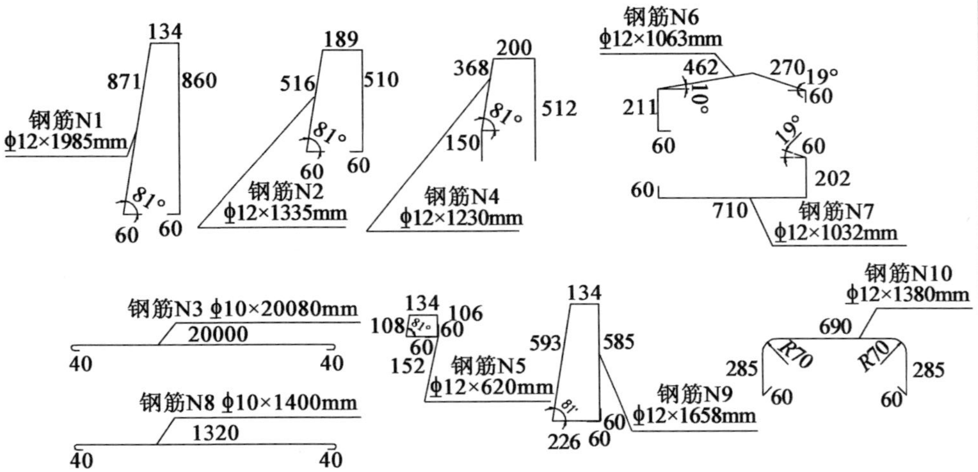

每20m护栏钢材用量表

材料		规格(mm)	数量(根)	单根长度(mm/根)	总长度(m)	单位质量(kg/m)	总质量(kg)	材质	总计(kg)
钢筋	①	ϕ12	40	1985	79.4	0.888	70.51	HRB400	388.09
	②	ϕ12	20	1335	26.7	0.888	23.71	HRB400	
	③	ϕ10	6	20080	120.48	0.617	74.34	HRB400	
	④	ϕ12	60	1230	73.8	0.888	65.53	HRB400	
	⑤	ϕ12	20	620	12.4	0.888	11.01	HRB400	
	⑥	ϕ12	20	1063	21.26	0.888	18.88	HRB400	
	⑦	ϕ12	20	1032	20.64	0.888	18.33	HRB400	
	⑧	ϕ10	60	1400	84	0.617	51.83	HRB400	
	⑨	ϕ12	20	1658	33.16	0.888	29.45	HRB400	
	⑩	ϕ12	20	1380	27.6	0.888	24.51	HRB400	
混凝土		C30	18m³						

注：
1.本图尺寸以mm为单位。
2.本护栏可适用于桥面板厚度不小于150mm的桥梁。
3.新建桥梁参照配筋图设计，既有桥梁在桥面板上植入4号钢筋，护栏钢筋与植入钢筋牢固绑扎。
4.护栏采用镂空设计，同一水平面上镂空图案间距为2000mm。

附图2.11-6　A级轻型镂空美观桥梁护栏配筋示意图3

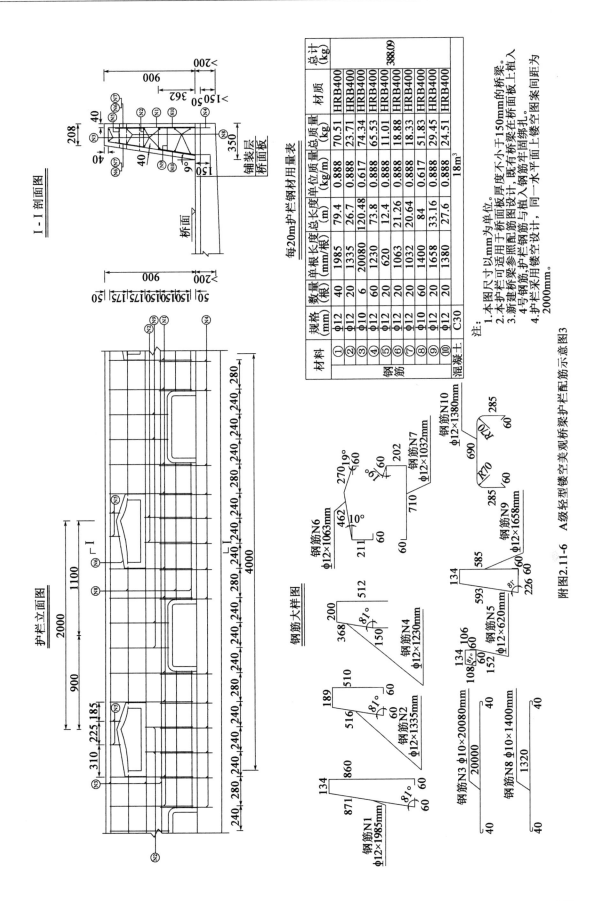

附录 2.12 A 级梁柱式桥梁护栏

A 级梁柱式桥梁护栏如附图 2.12-1、附图 2.12-2 所示。

护栏立面图

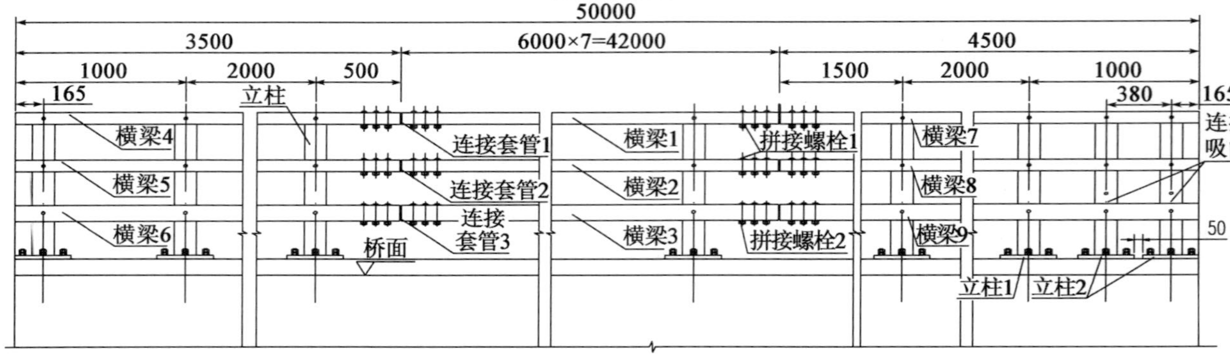

护栏断面图

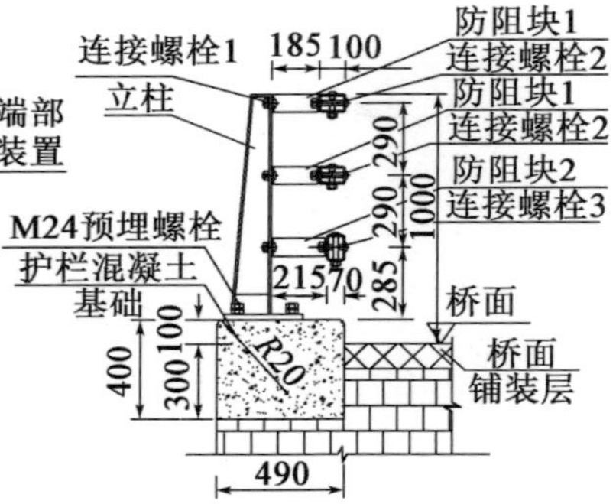

50m护栏单侧材料数量表

编号	构件名称	规格(mm)	数量	单件质量(kg)	总质量(kg)	备注
1	立柱1	见图	26个	35.602	925.652	Q355
2	立柱2	见图	2个	35.602	71.204	Q355
3	横梁1	100×70×6×5990	7根	95.313	667.191	Q355
4	横梁2	100×70×4×5990	7根	63.542	444.794	Q355
5	横梁3	100×70×4×5990	7根	63.542	444.794	Q355
6	横梁4	100×70×6×3495	1根	55.692	55.692	Q355
7	横梁5	100×70×4×3495	1根	37.128	37.128	Q355
8	横梁6	100×70×4×3495	1根	37.128	37.128	Q355
9	横梁7	100×70×6×4495	1根	71.604	71.604	Q355
10	横梁8	100×70×4×4495	1根	47.736	47.736	Q355
11	横梁9	100×70×4×4495	1根	47.736	47.736	Q355
12	连接套管1	80×50×8×530	8根	8.6	68.8	Q355
13	连接套管2	85×55×6×530	8根	6.945	55.56	Q355
14	连接套管3	85×55×6×530	8根	6.945	55.56	Q355
15	防阻块1	185×130×8	56个	2.769	155.064	45号钢
16	防阻块2	215×130×8	28个	3.033	84.924	45号钢
17	连接螺栓1	M16×40	168套	0.125	21	8.8级
18	连接螺栓2	M16×140	56套	0.266	14.896	8.8级
19	连接螺栓3	M16×100	28套	0.206	5.768	8.8级
20	拼接螺栓1	M20×100	96套	0.337	32.352	8.8级
21	拼接螺栓2	M20×140	48套	0.435	20.88	8.8级
22	预埋件	见配筋图			584.64	见配筋图
23	钢筋	见配筋图			1650.83	见配筋图
钢材合计			5600.933kg			
C30混凝土			$9.8m^3$			

注:
1. 本图尺寸均以mm为单位。
2. 本图适用于新建及改建桥梁护栏。
3. 图中桥面铺装厚度仅为示意。
4. 上部金属梁柱式结构立柱与护栏混凝土基础预埋螺栓采用双螺母连接。
5. 护栏混凝土基础通过植筋方式与桥梁砌石桥体连接，具体参见附图2.12-2。
6. 护栏端部处理应满足相关规范要求，在护栏端部设置立柱以保证护栏端部强度，同时护栏横梁端部应进行封口处理。
7. 所有上部结构及预埋螺栓均应按现行相关规范要求进行防腐处理。
8. 图中横梁7、8、9及立柱2应安装于设备桥梁端部吸能装置的一侧，以保证与桥梁端部吸能装置的连接。
9. 图中材料数量表仅为一侧桥梁护栏的材料数量。

附图2.12-1 A级梁柱式桥梁护栏一般结构图

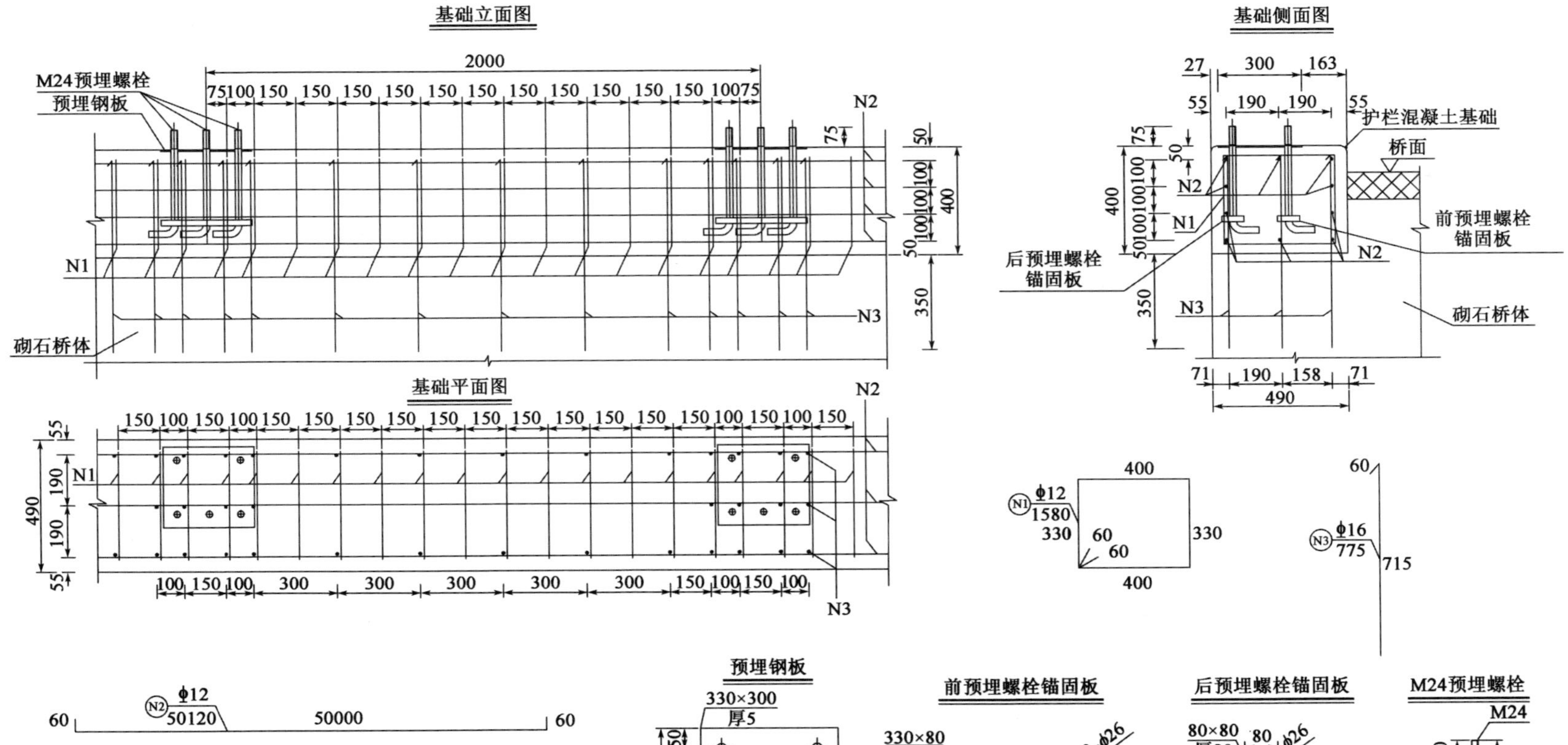

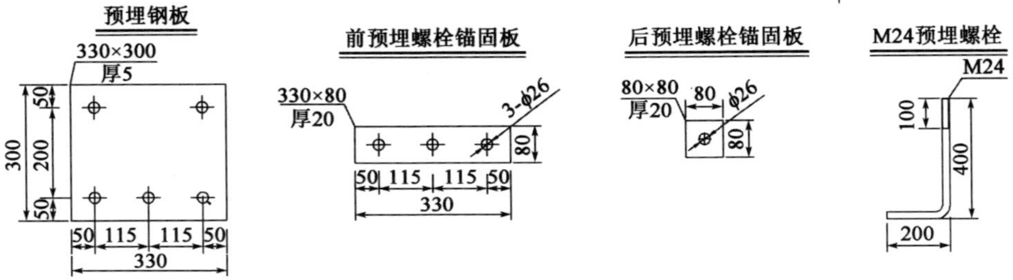

50m护栏单侧基础预埋件及钢筋材料数量表

编号	构件名称	规格(mm)	数量	单件质量(kg)	总质量(kg)	备注
1	预埋螺栓	M24×600	140	2.181	305.34	8.8级
2	预埋钢板	330×300×5	28块	3.861	108.108	Q235
3	前预埋螺栓锚固板	330×80×20	28块	4.118	115.304	Q235
4	后预埋螺栓锚固板	80×80×20	56块	0.998	55.888	Q235
5	N1钢筋	ϕ12	353根	1.403	495.26	HRB335
6	N2钢筋	ϕ12	10根	44.507	445.07	HRB335
7	N3钢筋	ϕ16	580根	1.225	710.5	HRB335
合计		钢材	2235.47kg			
		C30混凝土	$9.8m^3$			

注：

1.本图尺寸均以mm为单位。

2.钢筋N1、N2、N3相交处绑扎连接。

3.钢筋N3为植入钢筋，植筋工艺需满足相关规范要求。

4.预埋螺栓弯钩与行车方向成30°角放置。

5.浇筑混凝土前应仔细检查预埋螺栓与预埋钢板位置，检查无误后可将M24预埋螺栓、预埋钢板和钢筋通过辅助钢筋进行点焊固定，以保证定位准确，之后可进行混凝土浇筑。

6.图中配筋为护栏混凝土基础标准段配筋，端部配筋参照标准段。

附图2.12-2　A级梁柱式桥梁护栏基础配筋及预埋件图

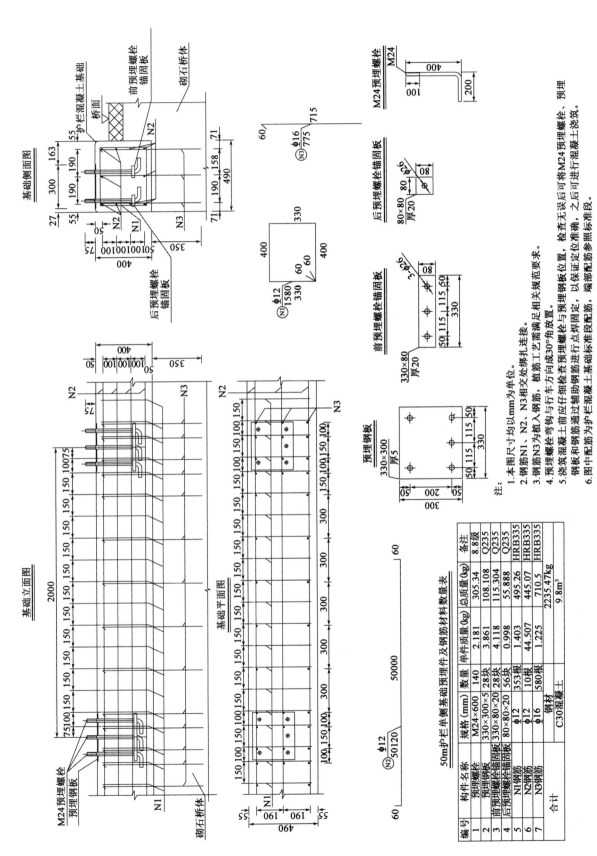

附录3　警示及线形诱导设施设计图集

附录3.1　柔性防护网

柔性防护网如附图3.1-1所示。

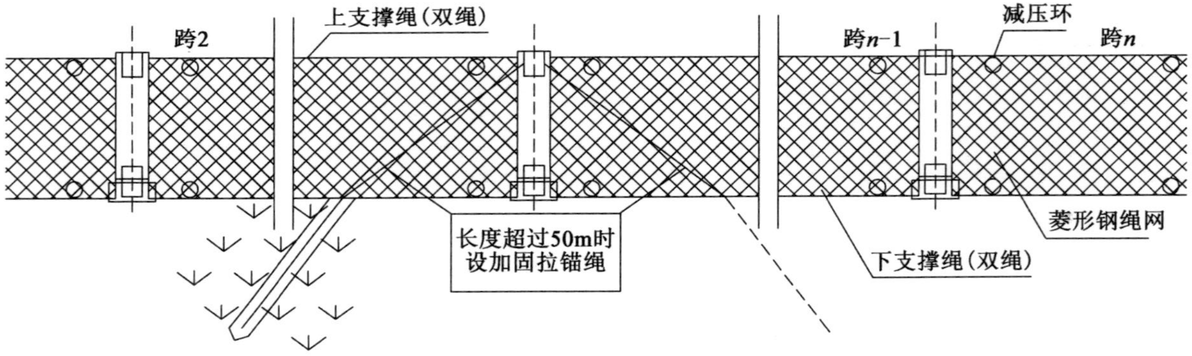

附图3.1-1　柔性防护网示意图

注:1. 柔性防护网由钢丝绳网或环行网、固定系统、减压环、钢柱和缝合绳等构成,通过钢柱、柔性锚杆、拉锚绳等构件固定在路侧边坡或土路肩上。

2. 柔性防护网的网块规格以展开张紧后的外边缘边长表示,可选择 2m×2m、4m×2m 的矩形网,网孔规格可选择 150mm、200mm、250mm 等规格。柔性防护网选用型号 AX-015、RX-025 的防护网,设计防护能量分别为 150kJ、250kJ。

附录 3.2　道口标柱一般结构图

道口标柱一般结构如附图 3.2-1 所示。

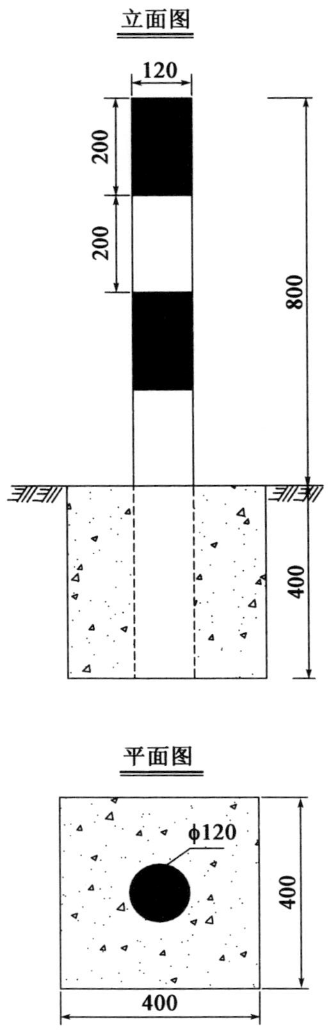

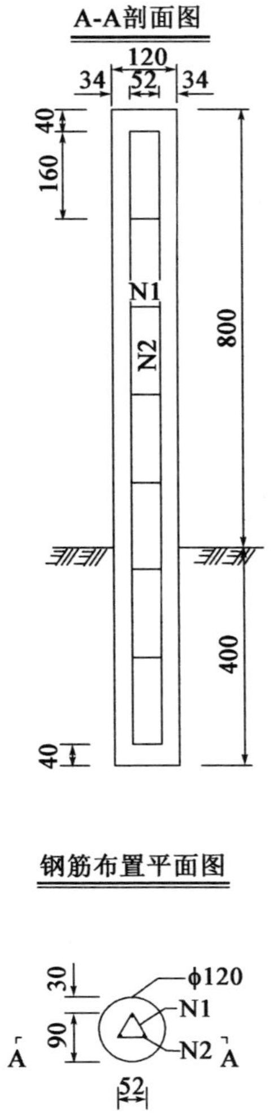

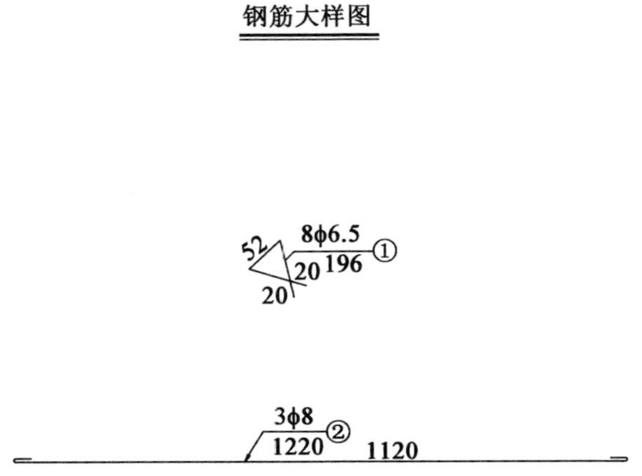

一根道口标柱材料数量表

材料	规格	单根长度(mm/根)	数量(根)	总长度(m)	总质量(kg)	合计
钢筋	ϕ6.5mm	196	8	1.57	0.41	1.86
	ϕ8mm	1220	3	3.66	1.45	
混凝土	C30	0.073m³				

注：
1.本图尺寸以mm计。
2.道口标柱高80cm，采用40cm×40cm×40cm基座固定。
3.道口标柱上部涂红白相间的两种反光涂料。

附图3.2-1　道口标柱一般结构示意图

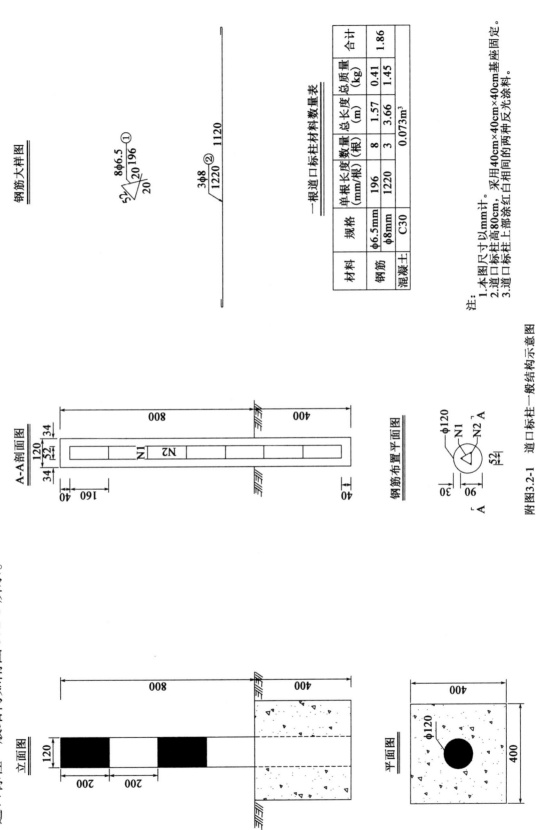

附录 3.3　水泥混凝土示警桩一般结构图

水泥混凝土示警桩一般结构如附图 3.3-1 所示。

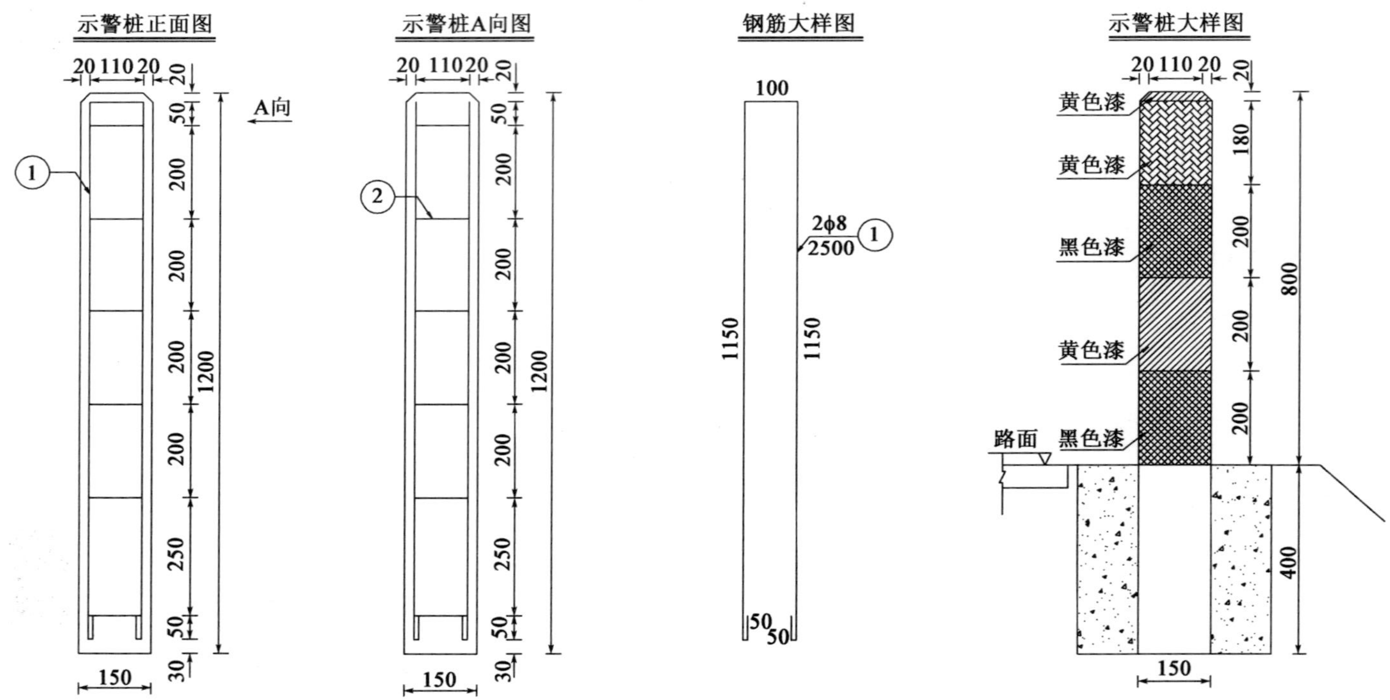

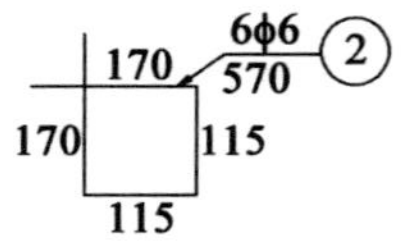

一根示警桩材料数量表

材料	规格	数量	总质量
钢筋	ϕ6×570mm	6根	0.76kg
	ϕ8×2500mm	2根	1.98kg
混凝土	C25	0.094m³	
构件质量	65kg		

注：
1.本图尺寸以mm计。
2.示警桩高80cm，采用40cm×40cm×40cm基座固定。
3.示警桩上部涂黄黑相间的两种反光涂料。

平面图

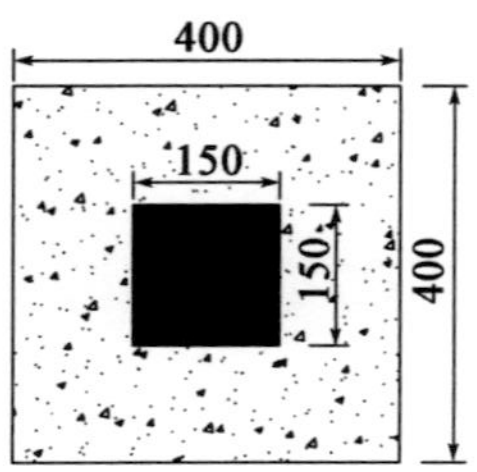

附图3.3-1　水泥混凝土示警桩一般结构示意图

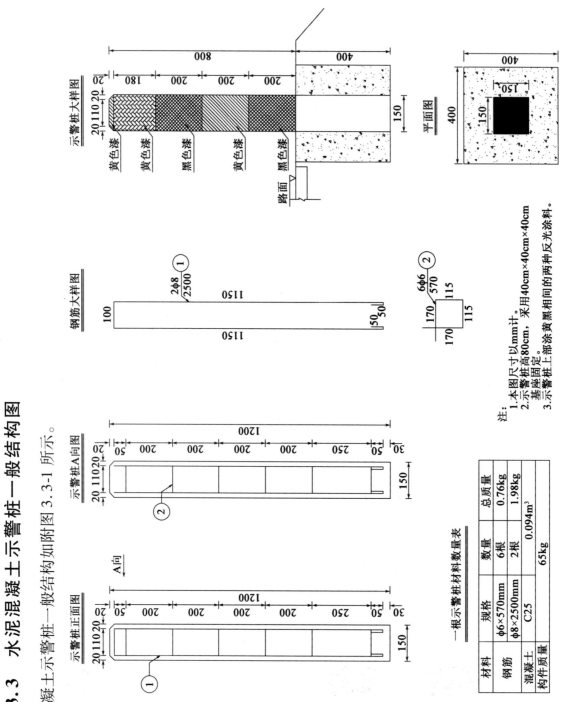

附录 3.4　竹制示警桩一般结构图

竹制示警桩一般结构如附图 3.4-1 所示。

竹制示警桩大样图(埋入式基础)

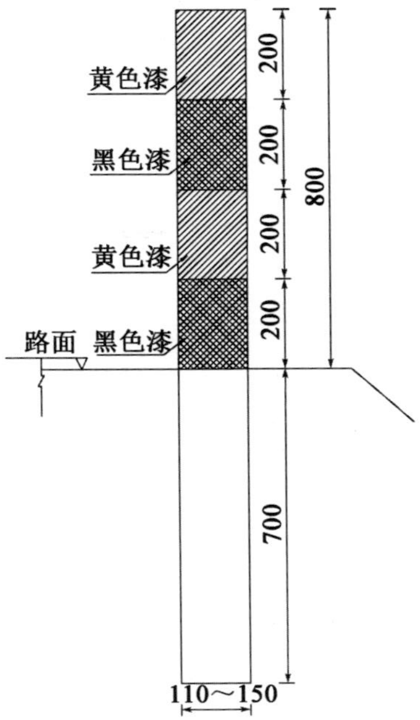

竹制示警桩大样图(混凝土基础)

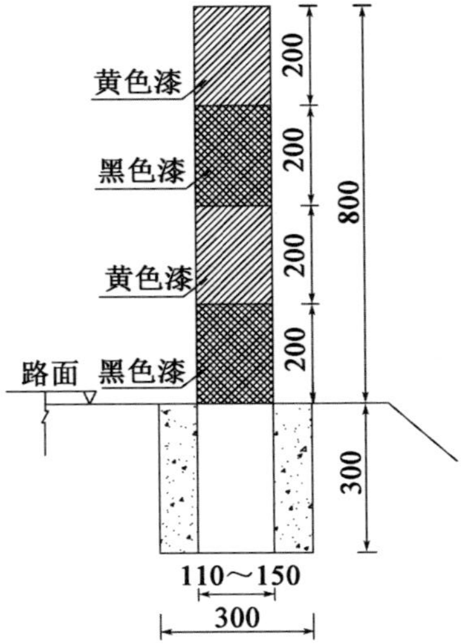

平面图

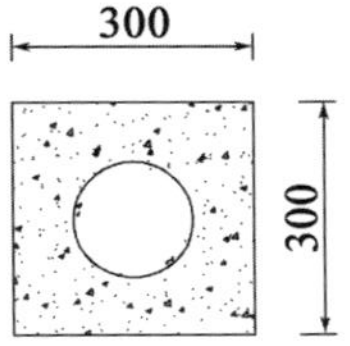

一根示警桩材料数量表

材　料	规格	重量	体积	造价估算
竹制示警桩(埋入式基础)	φ100×1500mm	5.1kg	—	40元/根
竹制示警桩(混凝土基础)	φ100×1100mm	3.7kg	—	60元/根
混凝土	C25	—	0.027m^3	

附图 3.4-1　竹制示警桩一般结构示意图

注：1. 竹制示警桩直径范围为 110 ~ 150mm，壁厚不小于 4mm，竹龄 3 ~ 5 年为宜。

2. 竹制示警桩路面以上高 80cm。依据现场施工条件，可采用钻孔埋入式基础，亦可采用 30cm × 30cm × 30cm 混凝土基础。

3. 竹制示警桩上部涂黄黑相间的两种反光涂料(或贴反光膜)。

4. 竹制示警桩应进行防腐处理后，方可应用于公路上。

5. 造价以实际工程施工图设计的预算为准。

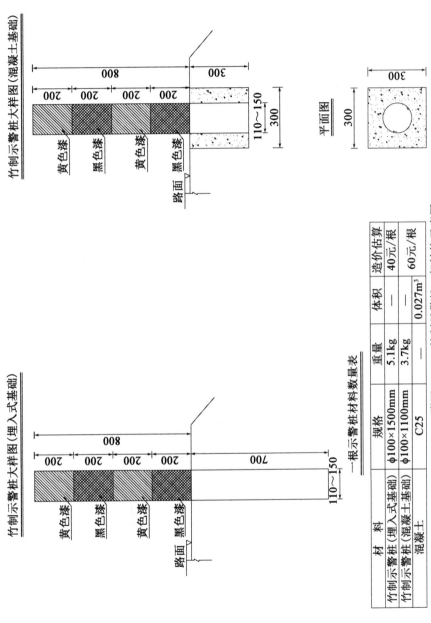

附录 3.5　土堆一般结构图

土堆一般结构如附图 3.5-1 所示。

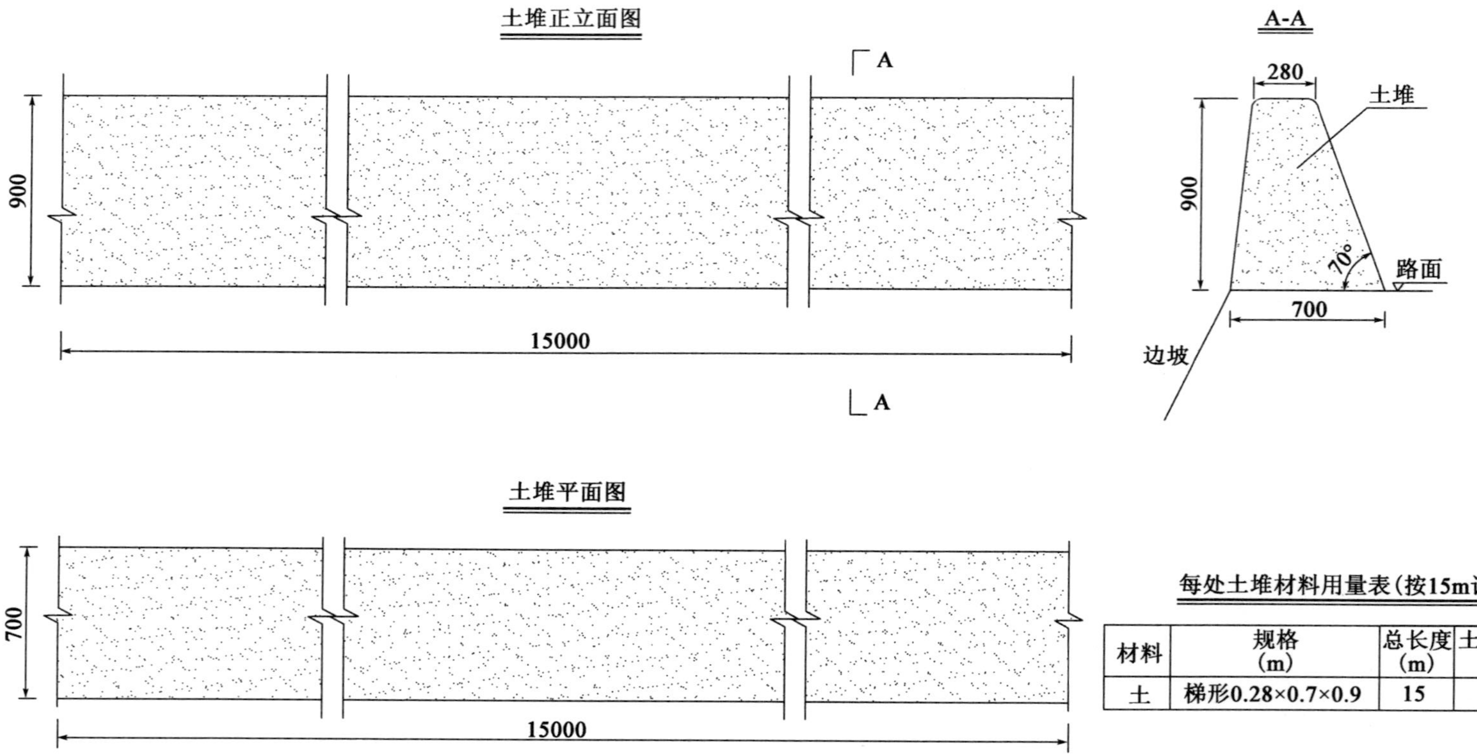

每处土堆材料用量表(按15m计)

材料	规格 (m)	总长度 (m)	土方体积 (m^3)	造价估算
土	梯形0.28×0.7×0.9	15	6.6	70元/m

注：
1.本图尺寸单位均以mm计。
2.本图适用于小半径曲线外侧。
3.土堆的设置宽度不小于70cm，设置高度不小于90cm,最小设置长度不小于15m。
4.土堆迎向行车道的一侧，坡面坡度不小于60°。本图坡度及顶面宽度仅为示意。
5.土的压实度不小于90%。
6.本图中造价仅为估算,实际造价以施工图预算为准。

附图3.5-1　土堆一般结构示意图

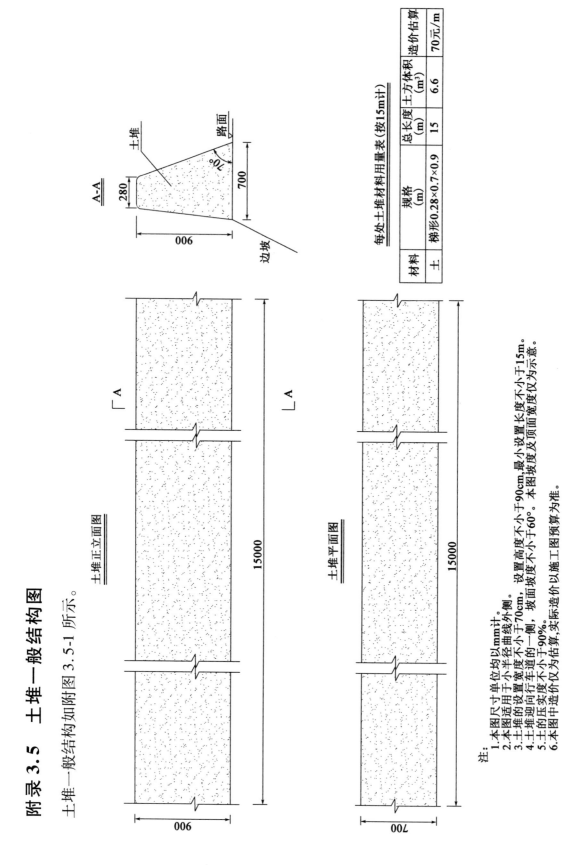

附录 3.6 石堆一般结构图

石堆一般结构如附图 3.6-1 所示。

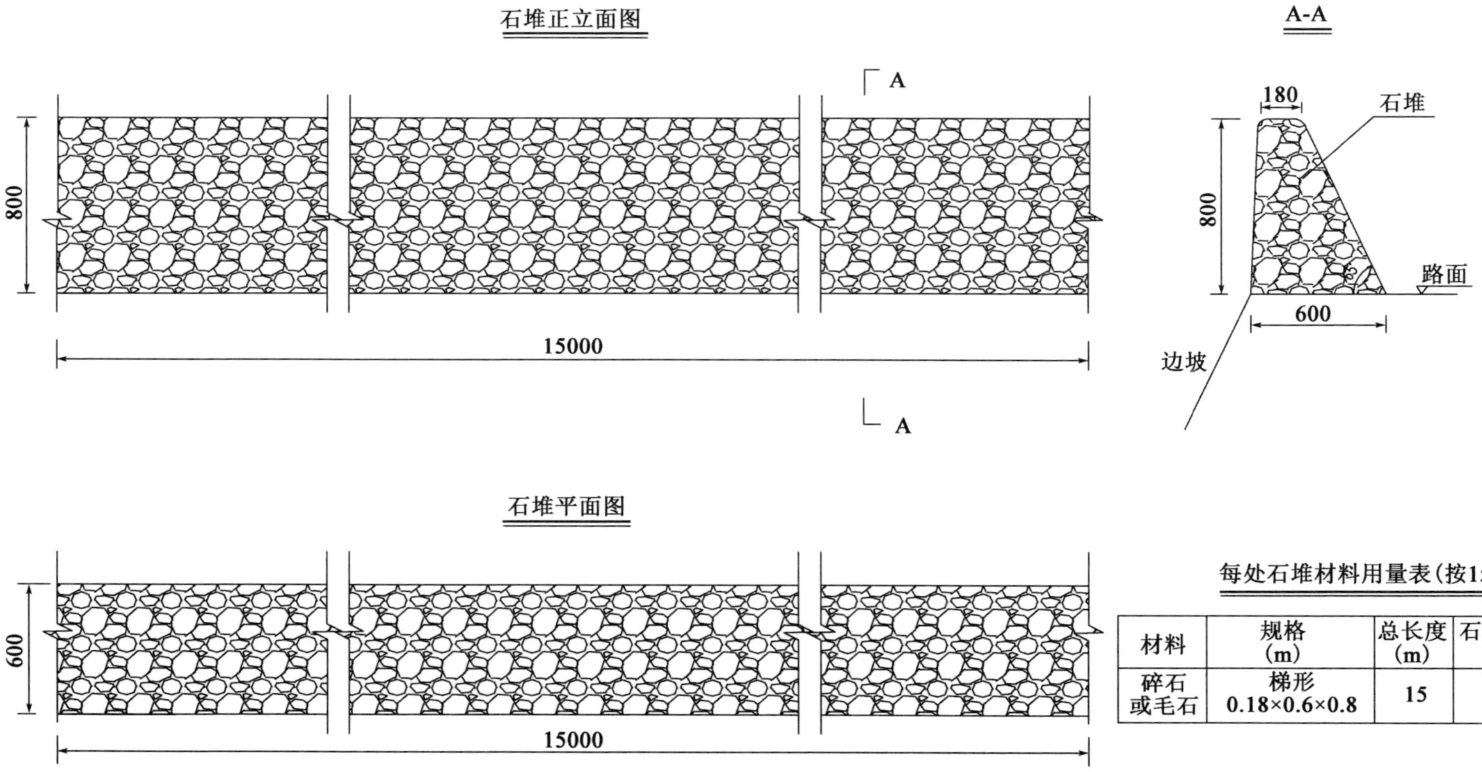

每处石堆材料用量表(按15m计)

材料	规格(m)	总长度(m)	石方体积(m^3)	造价估算
碎石或毛石	梯形 0.18×0.6×0.8	15	4.7	70元/m

注:
1.本图尺寸单位均以mm计。
2.本图适用于小半径曲线外侧。
3.石堆的设置宽度不小于60cm，设置高度不小于80cm,最小设置长度不小于15m。
4.石堆迎向行车道的一侧，坡面坡度不小于60°。本图坡度及顶面宽度仅为示意。
5.石堆材料可用碎石或毛石，直径范围宜为15～35cm。
6.本图中造价仅为估算,实际造价以施工图预算为准。

附图3.6-1　石堆一般结构示意图

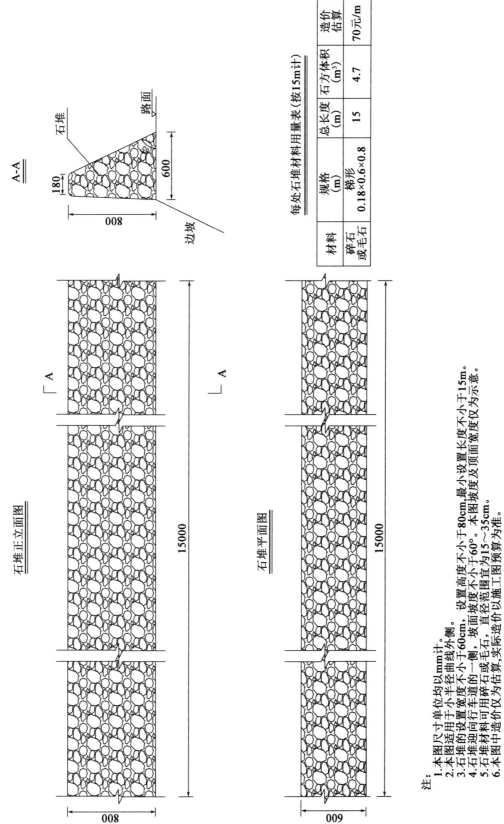

附录 3.7 钢丝笼碎石消能防护墙一般结构图

钢丝笼碎石消能防护墙一般结构如附图 3.7-1 所示。

钢丝笼碎石消能防护墙正立面图

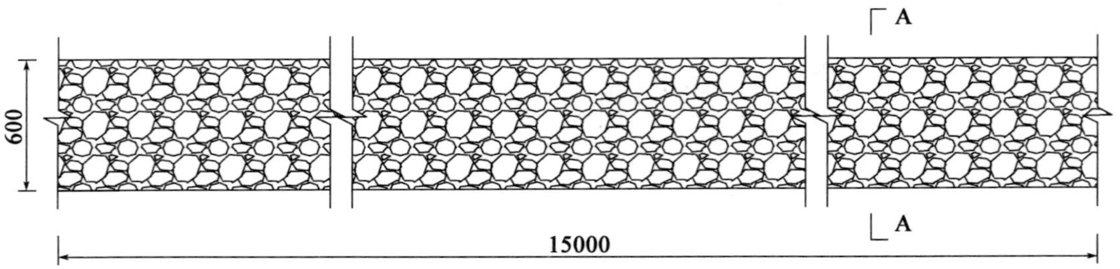

A-A

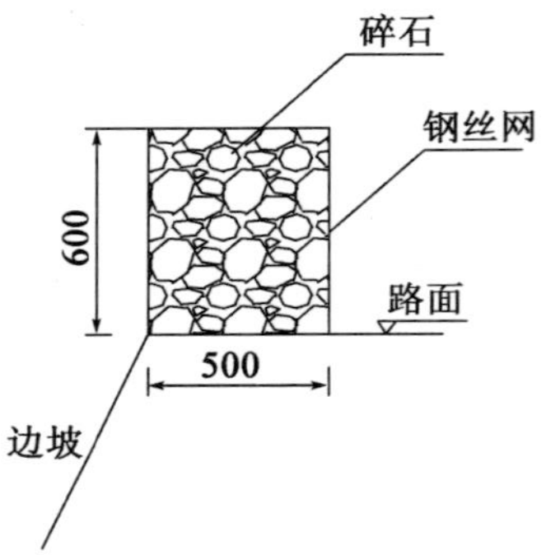

钢丝笼碎石消能防护墙平面图

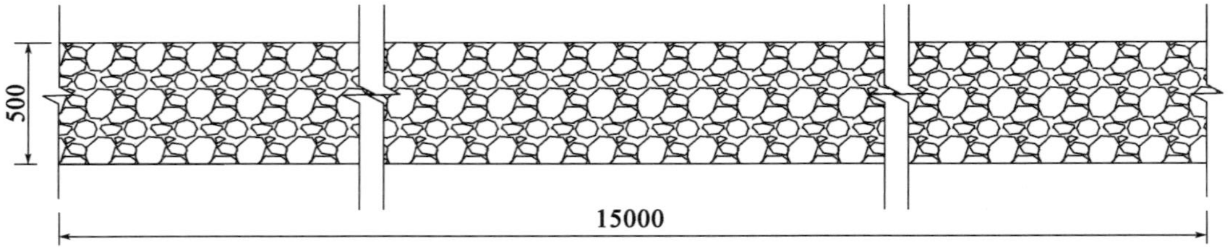

每处钢丝笼碎石消能防护墙材料用量表(按15m计)

材料	规格	总长度(m)	石方体积/钢丝笼面积	造价估算
碎石	矩形0.5×0.6m	15	4.5m^3	100元/m
钢丝笼	ϕ4×2.8m	15	42m^2	

注:
1.本图尺寸单位均以mm计。
2.钢丝笼碎石消能防护墙的设置宽度不小于50cm,设置高度不小于60cm,最小设置长度不小于15m。
3.钢丝直径不小于4mm,钢丝网孔径不大于10cm。
4.石材可用碎石或毛石,直径范围宜为15～35cm。
5.施工时先将钢丝网平铺于设置位置,再砌筑碎石防护墙,然后将钢丝网覆盖于碎石防护墙上并全部包裹形成钢丝笼,最后将钢丝笼接头处绑扎牢固。
6.本图中造价仅为估算,实际造价以施工图预算为准。

附图3.7-1 钢丝笼碎石消能防护墙一般结构图

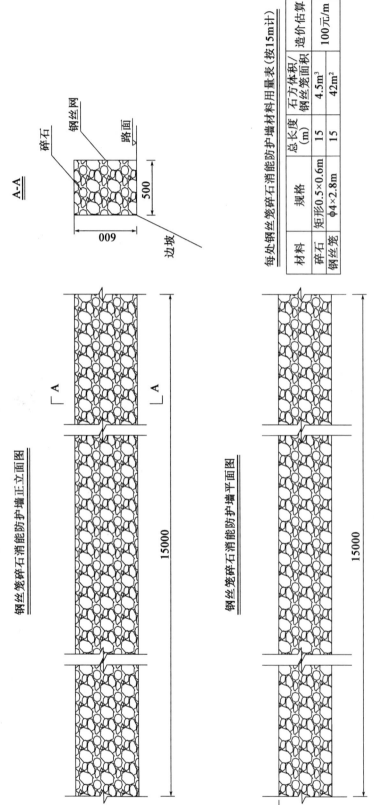